紹興大典

史部

雍正 山陰縣志

1

中華書局

圖書在版編目（CIP）數據

（雍正）山陰縣志 /（清）范其鑄、丁弘補修，（清）景融等補纂．－北京：中華書局，2024.6．－（紹興大典）．－ ISBN 978-7-101-16849-5

Ⅰ．K295.53

中國國家版本館 CIP 數據核字第 2024MS5263 號

書　　名	（雍正）山陰縣志（全四册）
叢 書 名	紹興大典・史部
補 修 者	〔清〕范其鑄　丁　弘
補 纂 者	〔清〕景　融　魯曾煜 等
項目策劃	許旭虹
責任編輯	梁五童
裝幀設計	許麗娟
責任印製	管　斌
出版發行	中華書局 （北京市豐臺區太平橋西里38號 100073） http://www.zhbc.com.cn E-mail: zhbc@zhbc.com.cn
印　　刷	天津藝嘉印刷科技有限公司
版　　次	2024年6月第1版 2024年6月第1次印刷
規　　格	開本787×1092毫米　1/16 印張128¾　插頁4
國際書號	ISBN 978-7-101-16849-5
定　　價	1360.00元

學術顧問（按姓氏筆畫排序）

安平秋　李　岩　吴　格

袁行霈　張志清　葛劍雄

樓宇烈

編纂工作指導委員會

主　　任　盛閲春（二〇二二年九月至二〇二三年一月在任）

温　暖　施惠芳　肖啓明　熊遠明

第一副主任　丁如興

副　主　任　陳偉軍　汪俊昌　馮建榮

成　　員（按姓氏筆畫排序）

王静静　朱全紅　沈志江　金水法　俞正英

胡華良　茹福軍　徐　軍　陳　豪　黄旭榮

裘建勇　樓　芳　魯霞光　魏建東

編纂委員會

序

紹興是國務院公布的首批中國歷史文化名城，是中華文明的多點起源地之一和越文化的發祥、壯大之地。從嵊州小黄山遺址迄今，已有一萬多年的文化史；從大禹治水迄今，已有四千多年的文明史；從越國築句踐小城和山陰大城迄今，已有兩千五百多年的建城史。建炎四年（一一三〇），宋高宗駐蹕越州，取義「紹奕世之宏庥，興百年之丕緒」，次年改元紹興，賜名紹興府，領會稽、山陰、蕭山、諸暨、餘姚、上虞、嵊、新昌等八縣。元改紹興路，明初復爲紹興府，清沿之。

紹興坐陸面海，嶽峙川流，風光綺麗，物産富饒，民風淳樸，士如過江之鯽，彬彬稱盛。春秋末越國有「八大夫」佐助越王卧薪嘗膽，力行「五政」，崛起東南，威續戰國，四分天下有其一，成就越文化的第一次輝煌。秦漢一統後，越文化從尚武漸變崇文。晋室東渡，北方士族大批南遷，王、謝諸大家紛紛遷居於此，一時人物之盛，雲蒸霞蔚，學術與文學之盛冠於江左，給越文化注入了新的活力。唐時的越州是詩人行旅歌詠之地，形成一條江南唐詩之路。至宋代，尤其是宋室南遷後，越中理學繁榮，文學昌盛，領一時之先。明代陽明心學崛起，這一時期的越文化，宣導致良知、知行合一，重於事功，伴隨而來的是越中詩文、書畫、戲曲的興盛。明清易代，有劉宗周等履忠蹈義，慷慨赴死，亦有黄宗羲率其門人，讀書窮經，關注世用，成其梨洲一派。至清中葉，會稽章學誠等人紹承梨洲之學而開浙東史學之新局。晚清至現代，越中知識分子心懷天下，秉持先賢「膽劍精神」，再次站在歷史變革的潮頭，蔡元培、魯迅等人「開拓越學」，使紹興成爲新文化運動和新民主主義革命的重要陣地。越文化兼容並包，與時偕變，勇於創新，隨着中國社會歷史的變遷，無論其内涵和特質發生何種變化，均以其獨特、强盛的生命力，推動了中華文明的發展。

文獻典籍承載着廣博厚重的精神財富、生生不息的歷史文脉。紹興典籍之富，甲於東南，號爲文獻之邦。從兩漢到魏晉再至近現代，紹興人留下了浩如煙海、綿延不斷的文獻典籍。陳橋驛先生在《紹興地方文獻考録·前言》中説：「紹興是我國歷史上地方文獻最豐富的地方之一。」有我國地方志的開山之作《越絶書》，有唯物主義的哲學巨著《論衡》，有書法藝術和文學價值均登峰造極的《蘭亭集序》，有詩爲「中興之冠」的陸游《劍南詩稿》，有輯録陽明心學精義的儒學著作《傳習録》等，這些文獻，不僅對紹興一地具有重要價值，對浙江乃至全國來説，也有深遠意義。

紹興藏書文化源遠流長。歷史上的藏書家多達百位，知名藏書樓不下三十座，其中以澹生堂最爲著名，藏書十萬餘卷。近現代，紹興又首開國内公共圖書館之先河。光緒二十六年（一九〇〇），紹興鄉紳徐樹蘭獨力捐銀三萬餘兩，圖書七萬餘卷，創辦國内首個公共圖書館——古越藏書樓。越中多名士，自也與藏書聚書風氣有關。

習近平總書記强調，「我們要加强考古工作和歷史研究，讓收藏在博物館裏的文物、陳列在廣闊大地上的遺産、書寫在古籍裏的文字都活起來，豐富全社會歷史文化滋養」。黨的十八大以來，黨中央站在實現中華民族偉大復興的高度，對傳承和弘揚中華優秀傳統文化作出一系列重大決策部署。中共中央辦公廳、國務院辦公廳二〇一七年一月印發了《關於實施中華優秀傳統文化傳承發展工程的意見》，二〇二二年四月又印發了《關於推進新時代古籍工作的意見》。

盛世修典，是中華民族的優秀傳統，是國家昌盛的重要象徵。近年來，紹興地方文獻典籍的利用呈現出多層次、多方位探索的局面，從文史界到全社會都在醞釀進一步保護、整理、開發、利用紹興歷史文獻的措施，形成了廣泛共識。中共紹興市委、市政府深入學習貫徹習近平總書記重要指示精神，積極響應國家重大戰略部署，以提振紹興人文氣運的文化自覺和存續一方文脉的歷史擔當，作出了編纂出版《紹興大典》的重大決定，計劃用十年時間，系統、全面、客觀梳理紹興文化傳承脉絡，收集、整理、編纂、出版紹興地方歷史文獻。二〇二二年十月，中共紹興市委辦公室、紹興市人民政府辦公室印發《關於〈紹興大典〉編纂出版工作實施方案的通知》。自此，《紹興大典》編纂出版各項工作開始有序推進。

百餘年前，魯迅先生提出「開拓越學，俾其曼衍，至於無疆」的願景，今天，我們繼先賢之志，實施紹興歷史上前無古人的文化工程，希冀通過《紹興大典》的編纂出版，從浩瀚的紹興典籍中尋找歷史印記，從豐富的紹興文化中挖掘鮮活資源，從悠遠的紹興歷史中把握發展脉絡，古爲今用，繼往開來，爲新時代「文化紹興」建設注入强大動力。我們將懷敬畏之心，以古人「三不朽」的立德修身要求，爲紹興這座中國歷史文化名城和「東亞文化之都」立傳畫像，爲全世界紹興人築就恒久的精神家園。

是爲序。

温暖

二〇二三年十月

前言

越國故地，是中華文明的重要起源地，中華優秀傳統文化的重要貢獻地，中華文獻典籍的重要誕生地。紹興，是越國古都，國務院公布的第一批歷史文化名城。編纂出版《紹興大典》，是綿延中華文獻之大計，弘揚中華文化之良策，傳承中華文明之壯舉。

一

紹興有源遠流長的文明，是中華文明的縮影。

中國有百萬年的人類史，一萬年的文化史，五千多年的文明史。中華文明，是中華民族長期實踐的積累，集體智慧的結晶，不斷發展的産物。各個民族，各個地方，都爲中華文明作出了自己獨具特色的貢獻。紹興人同樣爲中華文明的起源與發展，作出了自己傑出的貢獻。

現代考古發掘表明，早在約十六萬年前，於越先民便已經在今天的紹興大地上繁衍生息。二〇一七年初，在嵊州崇仁安江村蘭山廟附近，出土了於越先民約十六萬年前使用過的打製石器[一]。這是曹娥江流域首次發現的舊石器遺存，爲探究這一地區中更新世晚期至晚更新世早期的人類活動、

[一] 陸瑩等撰《浙江蘭山廟舊石器遺址網紋紅土釋光測年》，《地理學報》英文版，二〇二〇年第九期，第一四三六至一四五〇頁。

華南地區與現代人起源的關係、小黄山遺址的源頭等提供了重要綫索。

距今約一萬至八千年的嵊州小黄山遺址〔一〕，於二〇〇六年與上山遺址一起，被命名爲上山文化。該遺址中的四個重大發現，引人矚目：一是水稻實物的穀粒印痕遺存，以及儲藏坑、鐮形器、石磨棒、石磨盤等稻米儲存空間與收割、加工工具的遺存；二是種類與器型衆多的夾砂、夾炭、夾灰紅衣陶與黑陶等遺存；三是我國迄今發現的最早的立柱建築遺存，以及石杵立柱遺存；四是我國新石器時代遺址中迄今發現的最早的石雕人首。

蕭山跨湖橋遺址出土的山茶種實，表明於越先民在八千多年前已開始對茶樹及茶的利用與探索〔二〕。距今約六千年前的餘姚田螺山遺址發現的山茶屬茶樹根遺存，有規則地分布在聚落房屋附近，特别是其中出土了一把與現今茶壺頗爲相似的陶壺，表明那時的於越先民已經在有意識地種茶用茶了〔三〕。

對美好生活的嚮往無止境，創新便無止境。於越先民在一萬年前燒製出世界上最早的彩陶的基礎上〔四〕，經過數千年的探索實踐，終於在夏商之際，燒製出了人類歷史上最早的原始瓷〔五〕；繼而又在東漢時，燒製出了人類歷史上最早的成熟瓷。現代考古發掘表明，漢時越地的窑址，僅曹娥江兩岸的上虞，就多達六十一處〔六〕。

中國是目前發現早期稻作遺址最多的國家，是世界上最早發現和利用茶樹的國家，更是瓷器的故

〔一〕浙江省文物考古研究所編《上山文化：發現與記述》，文物出版社二〇一六年版，第七一頁。
〔二〕浙江省文物考古研究所、蕭山博物館編《跨湖橋》，文物出版社二〇〇四年版，彩版四五。
〔三〕北京大學中國考古學研究中心、浙江省文物考古研究所編《田螺山遺址自然遺存綜合研究》，文物出版社二〇一一年版，第一一七頁。
〔四〕孫瀚龍、趙曄著《浙江史前陶器》，浙江人民出版社二〇二二年版，第三頁。
〔五〕鄭建華、謝西營、張馨月著《浙江古代青瓷》，浙江人民出版社二〇二二年版，上册，第四頁。
〔六〕宋建明主編《早期越窑——上虞歷史文化的豐碑》，中國書店二〇一四年版，第二四頁。

鄉。《（嘉泰）會稽志》卷十七記載「會稽之産稻之美者，凡五十六種」，稻作文明的進步又直接促成了紹興釀酒業的發展。同卷又單列「日鑄茶」一條，釋曰「日鑄嶺在會稽縣東南五十五里，嶺下有僧寺名資壽，其陽坡名油車，朝暮常有日，産茶絶奇，故謂之日鑄」。可見紹興歷史上物質文明之發達，真可謂「天下無儔」。

二

紹興有博大精深的文化，是中華文化的縮影。

文化是一條源遠流長的河，流過昨天，流到今天，還要流向明天。悠悠萬事若曇花一現，唯有文化與日月同輝。

大量的歷史文獻與遺址古迹表明，四千多年前，大禹與紹興結下了不解之緣。大禹治平天下之水，漸九川，定九州，至於諸夏乂安，《史記·夏本紀》載：「禹會諸侯江南，計功而崩，因葬焉，命曰會稽。會稽者，會計也。」裴駰注引《皇覽》曰：「禹冢在山陰縣會稽山上。會稽山本名苗山，在縣南，去縣七里。」《（嘉泰）會稽志》卷六「大禹陵」：「禹巡守江南，上苗山，會稽諸侯，死而葬焉。……劉向書云：禹葬會稽，不改其列，謂不改林木百物之列也。苗山自禹葬後，更名會稽。是山之東，有隴隱若劍脊，西嚮而下，下有窆石，或云此正葬處。」另外，大禹在以會稽山爲中心的越地，還有一系列重大事迹的記載，包括娶妻塗山、得書宛委、畢功了溪、誅殺防風、禪祭會稽、築治邑室等。

以至越王句踐，「其先禹之苗裔，而夏后帝少康之庶子也，封於會稽，以奉守禹之祀」（《史記·越王句踐世家》）。句踐的功績，集中體現在他一系列的改革舉措以及由此而致的强國大業上。

他創造了「法天象地」這一中國古代都城選址與布局的成功範例，奠定了近一個半世紀越國號稱天下强國的基礎，造就了紹興發展史上的第一個高峰，更實現了東周以來中國東部沿海地區暨長江下游地區的首次一體化，讓人們在數百年的分裂戰亂當中，依稀看到了一統天下的希望，爲後來秦始皇統一中國，建立真正大一統的中央政權，進行了區域性的準備。因此，司馬遷稱：「苗裔句踐，苦身焦思，終滅强吴，北觀兵中國，以尊周室，號稱霸王。句踐可不謂賢哉！蓋有禹之遺烈焉。」

千百年來，紹興涌現出了諸多譽滿海内、雄稱天下的思想家，他們的著述世不絶傳、遺澤至今，他們的思想卓犖英發、光彩奪目。哲學領域，聚諸子之精髓，啓後世之思想。政治領域，以家國之情懷，革社會之弊病。經濟領域，重生民之生業，謀民生之大計。教育領域，育天下之英才，啓時代之新風。史學領域，創史志之新例，傳千年之文脉。

紹興是中國古典詩歌藝術的寶庫。四言詩《候人歌》被稱爲「南音之始」。於越《彈歌》是我國文學史上僅存的二言詩。《越人歌》是越地的第一首情歌、中國的第一首譯詩。山水詩的鼻祖，是上虞人謝靈運。唐代，這裏涌現出了賀知章等三十多位著名詩人。宋元時，這裏出了别開詩歌藝術天地的陸游、王冕、楊維楨。

紹興是中國傳統書法藝術的故鄉。鳥蟲書與《會稽刻石》中的小篆，影響深遠。中國的文字成爲藝術品之習尚；文字由書寫轉向書法，是從越人的鳥蟲書開始的。而自王羲之《蘭亭序》之後，紹興更是成爲中國書法藝術的聖地。翰墨碑刻，代有名家精品。

紹興是中國古代繪畫藝術的重鎮。世界上最早彩陶的燒製，展現了越人的審美情趣。「文身斷髮」與「鳥蟲書」，實現了藝術與生活最原始的結合。戴逵與戴顒父子、僧仲仁、王冕、徐渭、陳洪綬、趙之謙、任熊、任伯年等在中國繪畫史上有開宗立派的地位。

一九一二年一月，魯迅爲紹興《越鐸日報》創刊號所作發刊詞中寫道：「於越故稱無敵於天下，海岳精液，善生俊異，後先絡繹，展其殊才；其民復存大禹卓苦勤勞之風，同句踐堅確慷慨之志，力作治生，綽然足以自理。」可見，紹興自古便是中華文化的重要發源地與傳承地，紹興人更是世代流淌着「卓苦勤勞」「堅確慷慨」的精神血脉。

三

紹興有琳琅滿目的文獻，是中華文獻的縮影。

自有文字以來，文獻典籍便成了人類文明與人類文化的基本載體。紹興地方文獻同樣爲中華文明與中華文化的傳承發展，作出了傑出的貢獻。

中華文明之所以成爲世界上唯一没有中斷、綿延至今、益發輝煌的文明，在於因文字的綿延不絶而致的文獻的源遠流長、浩如煙海。中華文化之所以成爲中華民族有别於世界上其他任何民族的顯著特徵並流傳到今天，靠的是中華兒女一代又一代的言傳身教、口口相傳，更靠的是文獻典籍一代又一代的忠實書寫、守望相傳。

無數的甲骨、簡牘、古籍、拓片等中華文獻，無不昭示着中華文明的光輝燦爛、欣欣向榮，無不昭示着中華文化的廣博淵綜、蒸蒸日上。它們既是中華文明與中華文化的基本載體，又是中華文明與中華文化的重要組成部分，是十分重要的物質文化遺産。

紹興地方文獻作爲中華文獻重要的組成部分，積澱極其豐厚，特色十分明顯。

（一）文獻體系完備

紹興的文獻典籍根基深厚，載體體系完備，大體經歷了四個階段的歷史演變。

一是以刻符、紋樣、器型爲主的史前時代。代表性的，有作爲上山文化的小黄山遺址中出土的彩陶上的刻符、印紋、圖案等。

二是以金石文字爲主的銘刻時代。代表性的，有越國時期玉器與青銅劍上的鳥蟲書等銘文、秦《會稽刻石》、漢「大吉」摩崖、漢魏六朝時的會稽磚甓銘文與會稽青銅鏡銘文等。

三是以雕版印刷爲主的版刻時代。代表性的，有中唐時期越州刊刻的元稹、白居易的詩集。唐長慶四年（八二四），浙東觀察使兼越州刺史元稹，在爲時任杭州刺史的好友白居易《白氏長慶集》所作的序言中寫道：「揚、越間多作書模勒樂天及予雜詩，賣於市肆之中也。」這是有關中國刊印書籍的最早記載之一，説明越地開創了「模勒」這一雕版印刷的風氣之先。宋時，兩浙路茶鹽司等機關和紹興府、紹興府學等，競相刻書，版刻業快速繁榮，紹興成爲兩浙乃至全國的重要刻書地，所刻之書多稱「越本」「越州本」。明代，紹興刊刻呈現出了官書刻印多、鄉賢先哲著作和地方文獻多、私家刻印特色叢書多的特點。清代至民國，紹興整理、刊刻古籍叢書成風，趙之謙、平步青、徐友蘭、章壽康、羅振玉等，均有大量輯刊，蔡元培早年應聘於徐家校書達四年之久。

四是以機器印刷爲主的近代出版時期。這一時期呈現出傳統技術與西方新技術並存、傳統出版物與維新圖强讀物並存的特點。代表性的出版機構，在紹興的有徐友蘭於一八六二年創辦的墨潤堂等。另外，吴隱於一九〇四年參與創辦了西泠印社；紹興人沈知方於一九一二年參與創辦了中華書局，還於一九一七年創辦了世界書局。代表性的期刊，有羅振玉於一八九七年在上海創辦的《農學報》，杜亞泉於一九〇一年在上海創辦的《普通學報》，羅振玉於一九〇一年在上海發起、王國維主筆的《教育世界》，杜亞泉等於一九〇二年在上海編輯的《中外算報》，秋瑾於一九〇七年在上海創辦的《中國女報》等。代表性的報紙，有蔡元培於一九〇三年在上海創辦的《俄事警聞》等。

紹興文獻典籍的這四個演進階段，既相互承接，又各具特色，充分彰顯了走在歷史前列、引領時代潮流的特徵，總體上呈現出了載體越來越多元、内涵越來越豐富、傳播越來越廣泛、對社會生活的影響越來越深遠的歷史趨勢。

（二）藏書聲聞華夏

紹興歷史上刻書多，便爲藏書提供了前提條件，因而藏書也多。大禹曾「登宛委山，發金簡之書，案金簡玉字，得通水之理」（《吴越春秋》卷六），還「巡狩大越，見耆老，納詩書」（《越絶書》卷八），這是紹興有關采集收藏圖書的最早記載。句踐曾修築「石室」藏書，「晝書不倦，晦誦竟旦」（《越絶書》卷十二）。

造紙術與印刷術的發明和推廣，使得書籍可以成批刷印，爲藏書提供了極大便利。王充得益於藏書資料，寫出了不朽的《論衡》。南朝梁時，山陰人孔休源「聚書盈七千卷，手自校治」（《梁書·孔休源傳》），成爲紹興歷史上第一位有明文記載的藏書家。唐代時，越州出現了集刻書、藏書、讀書於一體的書院。五代十國時，南唐會稽人徐鍇精於校勘，雅好藏書，「江南藏書之盛，爲天下冠，鍇力居多」（《南唐書·徐鍇傳》）。

宋代雕版印刷術日趨成熟，爲書籍的化身千百與大規模印製創造了有利條件，也爲藏書提供了更多來源。特别是宋室南渡、越州升爲紹興府後，更是出現了以陸氏、石氏、李氏、諸葛氏等爲代表的藏書世家。陸游曾作《書巢記》，稱「吾室之内，或棲於櫝，或陳於前，或枕藉於床，俯仰四顧，無非書者」。《（嘉泰）會稽志》中專設《藏書》一目，説明了當時藏書之風的盛行。元時，楊維楨「積書數萬卷」（《鐵笛道人自傳》）。

明代藏書業大發展，出現了鈕石溪的世學樓等著名藏書樓。其中影響最大的藏書家族，當數山陰祁氏；影響最大的藏書樓，當數祁承㸁創辦的澹生堂，至其子彪佳時，藏書達三萬多卷。

清代是紹興藏書業的鼎盛時期，有史可稽者凡二十六家，諸如章學誠、李慈銘、陶濬宣等。上虞王望霖建天香樓，藏書萬餘卷，尤以藏書家之墨迹與鈎摹鐫石聞名。徐樹蘭創辦的古越藏書樓，以存古開新爲宗旨，以資人觀覽爲初心，成爲中國近代第一家公共圖書館。

民國時，代表性的紹興藏書家與藏書樓有：羅振玉的大雲書庫、徐維則的初學草堂、蔡元培創辦的養新書藏、王子餘開設的萬卷書樓、魯迅先生讀過書的三味書屋等。

根據二〇一六年完成的古籍普查結果，紹興全市十家公藏單位，共藏有一九一二年以前産生的中國傳統裝幀書籍與民國時期的傳統裝幀書籍三萬九千七百七十七種、二十二萬六千一百二十五册，分别占了浙江省三十三萬七千四百零五種的百分之十一點七九、二百五十萬六千六百三十三册的百分之九點零二。這些館藏的文獻典籍，有不少屬於名人名著，其中包括在别處難得見到的珍稀文獻。這是紹興這個地靈人傑的文獻名邦確實不同凡響的重要見證。

一部紹興的藏書史，其實也是一部紹興人的讀書、用書、著書史。歷史上的紹興，刻書、藏書、讀書、用書、著書，良性循環，互相促進，成爲中國文化史上一道亮麗的風景。

（三）著述豐富多彩

紹興自古以來，論道立説、卓然成家者代見輩出，創意立言、名動天下者繼踵接武，歷朝皆有傳世之作，各代俱見槃槃之著。這些文獻，不僅對紹興一地有重要價值，而且也是浙江文化乃至中國古代文化的重要組成部分。

一是著述之風，遍及各界。越人的創作著述，文學之士自不待言，爲政、從軍、業賈者亦多喜筆耕，屢有不刊之著。甚至於鄉野市井之口頭創作、謡歌俚曲，亦代代敷演，蔚爲大觀，其中更是多有内藴厚重、哲理深刻、色彩斑斕之精品，遠非下里巴人，足稱陽春白雪。

二是著述整理，尤爲重視。越人的著述，包括對越中文獻乃至我國古代文獻的整理。宋孔延之的《會稽掇英總集》，清杜春生的《越中金石記》，近代魯迅的《會稽郡故書雜集》等，都是收輯整理地方文獻的重要成果。陳橋驛所著《紹興地方文獻考録》，是另一種形式的著述整理，其中考録一九四九年前紹興地方文獻一千二百餘種。清代康熙年間，紹興府山陰縣吴楚材、吴調侯叔侄選編的《古文觀止》，自問世以來，一直是古文啓蒙的必備書，也深受古文愛好者的推崇。

三是著述領域，相涉廣泛。越人的著述，涉及諸多領域。其中古代以經、史與諸子百家研核之作爲多，且基本上涵蓋了經、史、子、集的各個分類，近現代以文藝創作爲多，當代則以科學研究論著爲多。這也體現了越中賢傑經世致用、與時俱進的家國情懷。

四

盛世修典，承古啓新，以「紹興」之名，行紹興之實。

紹興這個名字，源自宋高宗的升越州爲府，並冠以年號，時在紹興元年（一一三一）的十月廿六日。這是對這座城市傳統的畫龍點睛。紹興這兩個字合在一起，蘊含的正是承繼前業而壯大之、開創未來而昌興之的意思。數往而知來，今天的紹興人正賦予這座城市、這個名字以新的意蘊，那就是繼承中華優秀傳統文化，建設中華民族現代文明，爲實現中華民族偉大復興，作出自己新的更大的貢獻。

編纂出版《紹興大典》，正是紹興地方黨委、政府文化自信、文化自覺的體現，是集思廣益、精心實施的德政，是承前啓後、繼往開來的偉業。

（一）科學的決策

《紹興大典》的編纂出版，堪稱黨委、政府科學決策的典範。二〇二〇年十二月十一日，中共紹興市委八届九次全體（擴大）會議審議通過了關於紹興市「十四五」規劃和二〇三五年遠景目標的建議，其中首次提出要啓動《紹興大典》的編纂出版工作。

二〇二一年二月五日，紹興市第八届人民代表大會第六次會議批准了市政府根據市委建議編製的紹興市「十四五」規劃和二〇三五年遠景目標綱要，其中又專門寫到要啓動《紹興大典》的編纂出版工作。二月八日，紹興市人民政府正式印發了這個重要文件。

二〇二二年二月二十八日的中共紹興市第九次代表大會市委工作報告與三月三十日的紹興市九届人大一次會議政府工作報告，均對編纂出版《紹興大典》提出了要求。

二〇二二年九月十五日，紹興市人民政府第十一次常務會議專題聽取了《〈紹興大典〉編纂出版工作實施方案》起草情況的匯報，決定根據討論意見對實施意見進行修改完善後，提交市委常委會議審議。九月十六日，中共紹興市委九届二十次常委會議專題聽取《〈紹興大典〉編纂出版工作實施方案》起草情况的匯報，並進行了討論，決定批准這個方案。十月十日，中共紹興市委辦公室、紹興市人民政府辦公室正式印發了《〈紹興大典〉編纂出版工作實施方案》。

（二）嚴謹的體例

在中共紹興市委、紹興市人民政府研究批准的實施方案中，《紹興大典》編纂出版的各項相關事宜，均得以明確。

一是主要目標。系統、全面、客觀梳理紹興文化傳承脉絡，收集、整理、編纂、研究、出版紹興地方文獻，使《紹興大典》成爲全國鄉邦文獻整理編纂出版的典範和紹興文化史上的豐碑，爲努力打造「文獻保護名邦」「文史研究重鎮」「文化轉化高地」三張紹興文化的金名片作出貢獻。

二是收録範圍。《紹興大典》收録的時間範圍爲：起自先秦時期，迄至一九四九年九月三十日，部分文獻酌情下延。地域範圍爲：今紹興市所轄之區、縣（市），兼及歷史上紹興府所轄之蕭山、餘姚。内容範圍爲：紹興人的著述，域外人士有關紹興的著述，歷史上紹興刻印的古籍善本和紹興收藏的珍稀古籍善本。

三是編纂方法。對所録文獻典籍，按經、史、子、集和叢五部分類方法編纂出版。

根據實施方案明確的時間安排與階段劃分，在具體編纂工作中，采用先易後難、先急後緩，邊編纂出版、邊深入摸底的方法。即先編纂出版情況明瞭、現實急需的典籍，與此同時，對面上的典籍情況進行深入的摸底調查。這樣的方法，既可以用最快的速度出書，以滿足保護之需、利用之需，又可以爲一些難題的破解争取時間；既可以充分發揮我國實力最强的專業古籍出版社中華書局的編輯出版優勢，又可以充分借助與紹興相關的典籍一半以上收藏於我國古代典籍收藏最爲宏富的國家圖書館的優勢。這是最大限度地避免時間與經費上的重複浪費的方法，也是地方文獻編纂出版工作方法上的創新。

另外，還將適時延伸出版《紹興大典·要籍點校叢刊》《紹興大典·文獻研究叢書》《紹興大典·善本影真叢覽》等。

（三）非凡的意義

正如紹興的文獻典籍在中華文獻典籍史上具有重要的影響那樣，編纂出版《紹興大典》的意義，同樣也是非同尋常的。

一是編纂出版《紹興大典》，對於文獻典籍的更好保護——活下來，具有非同尋常的意義。歷史上的文獻典籍，是中華文明歷經滄桑留下的最寶貴的東西。然而，這些瑰寶或因天災人禍，或因自然老化，或因使用過度，或因其他緣故，有不少已經處於岌岌可危甚至奄奄一息的境況。

編纂出版《紹興大典》，可以爲系統修復、深度整理這些珍貴的古籍争取時間；可以最大限度呈現底本的原貌，緩解藏用的矛盾，更好地方便閱讀與研究。這是文獻典籍眼下的當務之急，最好的續命之舉。

二是編纂出版《紹興大典》，對於文獻典籍的更好利用——活起來，具有非同尋常的意義。歷史上的文獻典籍，流傳到今天，實屬不易，殊爲難得。它們雖然大多保存完好，其中不少還是善本，但分散藏於公私，積久塵封，世人難見；也有的已成孤本，或至今未曾刊印，僅有稿本、抄本，秘不示人，無法查閱。

編纂出版《紹興大典》，將穿越千年的文獻、深庋密鎖的秘藏、散落全球的珍寶匯聚起來，化身萬千，走向社會，走近讀者，走進生活，既可防它們失傳之虞，又可使它們嘉惠學林，也可使它們古爲今用，文旅融合，還可使它們延年益壽，推陳出新。這是於文獻典籍利用一本萬利、一舉多得的好事。

三是編纂出版《紹興大典》，對於文獻典籍的更好傳承——活下去，具有非同尋常的意義。歷史上的文獻典籍，能保存至今，是先賢們不惜代價，有的是不惜用生命爲代價換來的。對這些傳承至今的古籍本身，我們應當倍加珍惜。

編纂出版《紹興大典》，正是爲了述録先人的開拓，啓迪來者的奮鬥，使這些珍貴古籍世代相傳，使蘊藏在這些珍貴古籍身上的中華優秀傳統文化世代相傳。這是中華文化創造性轉化、創新性發展的通途所在。

編纂出版《紹興大典》，是紹興文化發展史上的曠古偉業。編成後的《紹興大典》，將成爲全國範圍内的同類城市中，第一部收録最爲系統、内容最爲豐贍、品質最爲上乘的地方文獻集成。

紹興這個地方，古往今來，都在不懈超越。超乎尋常，追求卓越。超越自我，超越歷史。《紹興大典》的編纂出版，無疑會是紹興文化發展史上的又一次超越。

道阻且長，行則將至；行而不輟，成功可期。「後之視今，亦猶今之視昔」；「後之覽者，亦將有感於斯文」（《蘭亭集序》）。讓我們一起努力吧！

馮建榮

二〇二三年六月十日，星期六，成稿於寓所

二〇二三年中秋、國慶假期，校改於寓所

編纂説明

紹興古稱會稽，歷史悠久。

大禹治水，畢功了溪，計功今紹興城南之茅山（苗山），崩後葬此，此山始稱會稽，此地因名會稽，距今四千多年。

大禹第六代孫夏后少康封庶子無餘於會稽，以奉禹祀，號曰「於越」，此爲吾越得國之始。《竹書紀年》載，成王二十四年，於越來賓。是亦此地史載之始。

距今兩千五百多年，越王句踐遷都築城於會稽山之北（今紹興老城區），是爲紹興建城之始，於今城不移址，海内罕有。

秦始皇滅六國，御海内，立郡縣，成定制。是地屬會稽郡，郡治爲吴縣，所轄大率吴越故地。東漢順帝永建四年（一二九），析浙江之北諸縣置吴郡，是爲吴越分治之始。會稽名仍其舊，郡治遷山陰。由隋至唐，會稽改稱越州，時有反復，至中唐後，「越州」遂爲定稱而至於宋。所轄時有增減，至五代後梁開平二年（九〇八），吴越析剡東十三鄉置新昌縣，自此，越州長期穩定轄領會稽、山陰、蕭山、諸暨、餘姚、上虞、嵊縣、新昌八邑。

建炎四年（一一三〇），宋高宗趙構駐蹕越州，取「紹奕世之宏庥，興百年之丕緒」之意，下詔從建炎五年正月改元紹興。紹興元年（一一三一）十月己丑升越州爲紹興府，斯地乃名紹興，沿用至今。

歷史的悠久，造就了紹興文化的發達。數千年來文化的發展、沉澱，又給紹興留下了燦爛的文化載體——鄉邦文獻。保存至今的紹興歷史文獻，有方志著作、家族史料、雜史輿圖、文人筆記、先賢文集、醫卜星相、碑刻墓誌、摩崖遺存、地名方言、檔案文書等不下三千種，可以説，凡有所録，應有盡有。這些文獻從不同角度記載了紹興的山川地理、風土人情、經濟發展、人物傳記、著述藝文等各個方面，成爲人們瞭解歷史、傳承文明、教育後人、建設社會的重要參考資料，其中許多著作不僅對紹興本地有重要價值，也是江浙文化乃至中華古代文化的重要組成部分。

紹興歷代文人對地方文獻的探尋、收集、整理、刊印等都非常重視，並作出過不朽的貢獻，陳橋驛先生就是代表性人物。正是在他的大力呼籲下，時任紹興縣政府主要領導作出了編纂出版《紹興叢書》的決策，爲今日《紹興大典》的編纂出版積累了經驗，奠定了基礎。

時至今日，爲貫徹落實習近平總書記系列重要講話精神，奮力打造新時代文化文明高地，重輝「文獻名邦」，中共紹興市委、市政府毅然作出編纂出版《紹興大典》的決策部署。延請全國著名學者樓宇烈、袁行霈、安平秋、葛劍雄、吴格、李岩、熊遠明、張志清諸先生參酌把關，與收藏紹興典籍最豐富的國家圖書館等各大圖書館以及專業古籍出版社中華書局展開深度合作，成立專門班子，精心規劃組織，扎實付諸實施。《紹興大典》是地方文獻的集大成之作，出版形式以紙質書籍爲主，同步開發建設數據庫。其基本内容，包括以下三方面：

一、《紹興大典》影印精裝本文獻大全。這方面内容囊括一九四九年前的紹興歷史文獻，收録的原則是「全而優」，也就是文獻求全收録；同一文獻比對版本優劣，收優斥劣。同時特别注重珍稀性、孤罕性、史料性。

《紹興大典》影印精裝本收録範圍：

時間範圍：起自先秦時期，迄至一九四九年九月三十日，部分文獻可酌情下延。

地域範圍：今紹興市所轄之區、縣（市），兼及歷史上紹興府所轄之蕭山、餘姚。

内容範圍：紹興人（本籍與寄籍紹興的人士、寄籍外地的紹籍人士）撰寫的著作，非紹興籍人士撰寫的與紹興相關的著作，歷史上紹興刻印的古籍珍本和紹興收藏的古籍珍本。

《紹興大典》影印精裝本編纂體例，以經、史、子、集、叢五部分類的方法，對收録範圍内的文獻，進行開放式收録，分類編輯，影印出版。五部之下，不分子目。

經部：主要收録經學（含小學）原創著作；經校勘校訂，校注校釋，疏、證、箋、解、章句等的經學名著；爲紹籍經學家所著經學著作而撰的著作，等等。

史部：主要收録紹興地方歷史書籍，重點是府縣志、家史、雜史等三個方面的歷史著作。

子部：主要收録專業類書，比如農學類、書畫類、醫卜星相類、儒釋道宗教類、陰陽五行類、傳奇類、小説類，等等。

集部：主要收録詩賦文詞曲總集、别集、專集，詩律詞譜，詩話詞話，南北曲韻，文論文評，等等。

叢部：主要收録不入以上四部的歷史文獻遺珍、歷史文物和歷史遺址圖録彙總、戲劇曲藝脚本、報章雜志、音像資料等。不收傳統叢部之文叢、彙編之類。

《紹興大典》影印精裝本在收録、整理、編纂出版上述文獻的基礎上，同時進行書目提要的撰寫，並細編索引，以起到提要鉤沉、方便實用的作用。

二、《紹興大典》點校研究及珍本彙編。主要是《紹興大典》影印精裝本的延伸項目，形成三個成果，即《紹興大典·要籍點校叢刊》《紹興大典·文獻研究叢書》《紹興大典·善本影真叢覽》三叢。

選取影印出版文獻中的要籍，組織專家分專題開展點校等工作，排印出版《紹興大典·要籍點校叢刊》；及時向社會公布推出出版文獻書目，開展《紹興大典》收録文獻研究，分階段出版研究成果《紹興大典·文獻研究叢書》；選取品相完好、特色明顯、内容有益的優秀文獻，原版原樣綫裝影印出版《紹興大典·善本影真叢覽》。

三、《紹興大典》文獻數據庫。以《紹興大典》影印精裝本和《紹興大典·要籍點校叢刊》《紹興大典·文獻研究叢書》《紹興大典·善本影真叢覽》三叢爲基幹構建。同時收録大典編纂過程中所涉其他相關資料，未用之版本，書佚目存之書目等，動態推進。

《紹興大典》編纂完成後，應該是一部體系完善、分類合理、全優兼顧、提要鮮明、檢索方便的大型文獻集成，必將成爲地方文獻編纂的新範例，同時助力紹興打造完成「歷史文獻保護名邦」「地方文史研究重鎮」「區域文化轉化高地」三張文化金名片。

《紹興大典》在中共紹興市委、市政府領導下組成編纂工作指導委員會，組織實施並保障大典工程的順利推進，同時組成由紹興市爲主導、國家圖書館和中華書局爲主要骨幹力量、各地專家學者和圖書館人員爲輔助力量的編纂委員會，負責具體的編纂工作。

《紹興大典》編纂委員會

二〇二三年五月

史部編纂説明

紹興自古重視歷史記載，在現存數千種紹興歷史文獻中，史部著作占有極爲重要的位置。因其内容豐富、體裁多樣、官民兼撰的特點，成爲《紹興大典》五大部類之一，而别類專纂，彙簡成編。

按《紹興大典·編纂説明》規定：「以經、史、子、集、叢五部分類的方法，對收録範圍内的文獻，進行開放式收録，分類編輯，影印出版。五部之下，不分子目。」「史部：主要收録紹興地方歷史書籍，重點是府縣志、家史、雜史等三個方面的歷史著作。」

紹興素爲方志之鄉，纂修方志的歷史較爲悠久。據陳橋驛《紹興地方文獻考録》（浙江人民出版社，一九八三年版）統計，僅紹興地區方志類文獻就「多達一百四十餘種，目前尚存近一半」。在最近三十多年中，紹興又發現了不少歷史文獻，堪稱卷帙浩繁。

據《紹興大典》編纂委員會多方調查掌握的信息，府縣之中，既有最早的府志——南宋二志《（嘉泰）會稽志》和《（寶慶）會稽續志》，也有最早的縣志——宋嘉定《剡録》；既有耳熟能詳的《（萬曆）紹興府志》，也有海内孤本《（嘉靖）山陰縣志》；更有寥若晨星的《永樂大典》本《紹興府志》，等等。存世的紹興府縣志，明代纂修並存世的萬曆爲最多，清代纂修並存世的康熙爲最多。

家史資料是地方志的重要補充，紹興地區家史資料豐富，《紹興家譜總目提要》共收録紹興相關家譜資料三千六百七十九條，涉及一百七十七個姓氏。據二〇〇六年《紹興叢書》編委會對上海圖書館藏紹興文獻的調查，上海圖書館館藏的紹興家史譜牒資料有三百多種，據紹興圖書館最近提供的信息，其館藏譜牒資料有二百五十多種，一千三百七十八册。紹興人文薈萃，歷來重視繼承弘揚耕讀傳統，家族中尤以登科進仕者爲榮，每見累世科甲、甲第連雲之家族，如諸暨花亭五桂堂黄氏、山陰狀元坊張氏，等等。家族中每有中式，必進祠堂，祭祖宗，禮神祇，乃至重纂家乘。因此纂修家譜之風頗盛，聯宗聯譜，聲氣相通，呼應相求，以期相將相扶，百世其昌，因此留下了浩如煙海、簡册連編的家史譜牒資料。家史資料入典，將遵循「姓氏求全，譜目求全，譜牒求優」的原則遴選。

雜史部分是紹興歷史文獻中内容最豐富、形式最多樣、撰者最衆多、價值極珍貴的部分。記載的内容無比豐富，撰寫的體裁多種多樣，留存的形式面目各異。其中私修地方史著作，以東漢袁康、吴平所輯的《越絶書》及稍後趙曄的《吴越春秋》最具代表性，是紹興現存最早較爲系統完整的史著。

雜史部分的歷史文獻，有非官修的專業志、地方小志，如《三江所志》《倉帝廟志》《嶀陽志》等；有以韻文形式撰寫的如《山居賦》《會稽三賦》等；有碑刻史料如《會稽刻石》《龍瑞宫刻石》等；有詩文游記如《沃洲雜詠》等；有珍貴的檔案史料如《明浙江紹興府諸暨縣魚鱗册》等；有名人日記如《祁忠敏公日記》《越縵堂日記》等；有綜合性的歷史著作如海内外孤本《越中雜識》等；也有鉤沉稽古的如《虞志稽遺》等。既有《救荒全書》《欽定浙江賦役全書》這樣專業的經濟史料，也有《越中八景圖》這樣的圖繪史料等。舉凡經濟、人物、教育、方言風物、名人日記等，應有盡有，不勝枚舉。尤以地理爲著，諸如山川風物、名勝古迹、水利關津、衛所武備、天文医卜等，莫不悉備。

這些歷史文獻，有的是官刻，有的是坊刻，有的是家刻。有特别珍貴的稿本、鈔本、寫本，也有珍稀孤罕首次面世的史料。由於《紹興大典》的編纂出版，這些文獻得以呈現在世人面前，俾世人充分深入地瞭解紹興豐富多彩的歷史文化。受編纂者學識見聞以及客觀條件之限制，難免有疏漏錯訛之處，祈望方家教正。

《紹興大典》編纂委員會
二〇二三年五月

雍正 山陰縣志 三十八卷

〔清〕范其鑄、丁弘補修，〔清〕景融、魯曾煜等補纂

清康熙二十二年（一六八三）、雍正二年（一七二四）增刻本

影印説明

《（雍正）山陰縣志》三十八卷，清范其鑄、丁弘補修，景融、魯曾煜等人補纂，清康熙二十二年（一六八三）、雍正二年（一七二四）增刻本。半葉九行行二十字，小字雙行同，白口，單魚尾，左右雙邊，有圖。原書版框尺寸高21釐米，寬15.1釐米。書前有康熙十年胡昇猷、高登先、王嗣臯、張三異等人序言，以及雍正二年魯曾煜、丁弘補修序言，另有修志記略及山陰縣修志姓名。卷三十八收録歷代序志之文。此志於康熙十年（一六七一）高登先所修縣志基礎上先後經兩次補修增刻而成。書前丁弘序言：「自前誌迄今，以圖則有滄桑，以誌則有興廢，以傳則有忠孝節義、文學藝術、高人逸士之紹起。故誌在於補，尤在於脩，但脩而不補是舍桃問梨也；補而必脩，又得隴望蜀也。余未遑脩而先爲補之。」即是此志補修之初衷。

范其鑄，漢陽人，順治十五年（一六五八）進士，初授山西潞城縣知縣，康熙十九年任山陰知縣。丁弘，字淳齋，大興人，康熙六十年（一七二一）來任山陰知縣。景融，三韓人，康熙十六年任山陰知縣。魯曾煜，字啓人，號秋塍，會稽人，康熙六十年進士，官翰林院庶吉士，纂《（雍正）廣東通志》《（乾隆）祥符縣志》等，另有《秋塍文鈔》十二卷存世。

此次影印，以天一閣藏本爲底本。底本缺卷、缺葉情況如下：目録第一葉，卷一，卷二第四葉，卷四第七、八葉，卷六第三十二、四十八葉，卷十六第九、十葉，卷十七第十一葉，卷二十第二十三、二十四葉，卷二十一第二十、二十一葉，卷二十二第十二葉背面、十三葉，卷二十四第三、四、五、六、十葉，卷二十五第六葉，卷二十六第十七葉，卷二十七第十一、十二葉，卷二十九第三十四葉及六十一葉後，卷三十一「儒林」第二十三、三十二、三十六、三十七葉，卷三十二「孝友」第五十四、五十五、五十九葉，卷三十三「義行」第五十九、六十、六十一、六十二葉，卷三十五第三、四、八十四、八十五葉，以及書後高基重跋第二葉背面。據《中國地方志聯合目録》，此志除天一閣藏本外，僅上海圖書館、中山大學圖書館收藏。現據同版本補葉情況如下：目録第一葉，卷二第四葉，卷六第三十二、四十八葉，卷十六第九、十葉，卷十七第十一葉，卷二十第二十三、二十四葉，卷二十一第二十、二十一葉，卷二十二第十二葉背面、十三葉，卷三十一「儒林」第二十三、三十二、三十六、三十七葉，卷三十二「孝友」第五十四、五十五、五十九葉，卷三十三「義行」第五十九、六十、六十一、六十二葉，卷三十五第八十四、八十五葉。其他缺卷、缺葉未作補配，可參閲康熙十年高登先所修縣志。另，底本目録後圖版部分有他書誤入葉面，現據以撤去。

山陰縣志

三八卷　清知縣大興丁弘補修

山陰魯曾煜補纂

雍正二年（一七二四）補修本

歲次辛亥漢陽
禹木張公涖吾郡之第三載
政務修飭百廢具舉民謳康
阜偕設雍愉教化之暇文治
蔚興爰攷郡誌檄行脩輯

彙為一代風俗職方之書意甚重也於是進附邑鄞水倩翁萬公令傳稽注牒聿考新規凡有關於郡誌但詳載無遺事繫且重顯

搢紳紘
高公延訪博學宏詞當代巨
儒以光厥任幾經推舉慎難
其人四明德邁王公赴補
上路由尚陵

禹木公祖蒞畱行旌授館
脩葺并同倅蒼茹公均任
其事爰集高士沈單諸君
復分委較録或綜其綱或挍
其目德翁朝夕董蒞挍力不

遺自夏徂冬徵録彚集者
其槩蒐核厥典故竭厥心
力而縣誌始成諸君執成稿
問序於余余不敏愧不能序
然余里人也知

禹翁賢公祖倡修繼廢學

示來茲與

邑侯捐俸督輯條緒盡

善又安敢不穀陳一言孛

武吾郡彊原四塞田賦

損益其原委悉之昭代舊係
毋庸再贅猶是誌也諸外邑
屢有增脩獨吾邑自嘉隆
至今歷百有餘年而誌不備
殘缺如故雖前賢代有徵

殘增訂之乘西至因循後
不能說非縣誌之難成也成
之者不易其人任之者勿力
乃筆任之歲月故延久而未
定況叢搜藏籍導後物

疆舉夫山川錯貢土則高
下各有其常無難彌纂
獨至人物大略關乎忠孝
節義倫彝垂著之事上自
華膴下及窮簷俱當備

載其間德行優劣亦必至事久稽實而後可紀則誌之關於風化名教之重又安可草率以幾成亂宜也時發目睹草之後忠貞盡節與

從訛撥舊之處更多其事非精核品題參稽純粹出其正史刪削之才羣成一代風俗之考不可也高公得諸賢之參定詳加

删正寧愽於徵求務嚴乎採取奇之擇絜以垂永古後之人乙素編而知人物之表著風尚之揚鑣仰前賢而奮芳規躡昭代以趨景行

其爲吾邑有道贊襄之功
繩吾徽今風示有位非小補
云耳是爲序
大清康熙十年
進士第大中大夫江南分守

江鎮兵備道布政使司右
參政塗山胡昇猷書

續修山陰縣志序

士自扃戶讀書便云不出門知天下事及分符綰綬有在州不盡知一州之民物在縣不盡知一縣之利弊者此不獨胥鮮智珠才

之經緯亦平時睹記猶有弗周考詢尚多未備也故必一州一邑之內咸深觀而熟識如良於弈弈者必有譜善於醫者醫必有案斯無愧乎州邑[illegible]長爾越

爲屬邑者八而山陰首邦也里二百一十有一西控小江東接會稽南連餘暨北枕大海洋洋乎大邑哉然官是土者疆域山川詎必其盡諳物產民風詎必

其盡察制度沿革人物古今詎必其盡考所賴昔有成書開卷而豁然省按圖而洞然見柰時移風易運逢鼎革名山之石匱之書兢問罕百年之老文獻無

徵而信從莫據豈不為邑
有司大憲乎幸
漢陽張公大人奉
命蒞越下車来政平訟簡吏
畏民懷猶謂典籍不修是
為治無本也乃首以邑志

下檄山陰為諸邑先爰延
文學熟於典故而長於載
筆者任纂緝則沈子麟趾
單子國驥任校訂則朱子
起蛟馬子式玉余亦從簿
書之隙親加讐校十閱月

而書迺告成始於故明隆
慶之戊辰訖於
皇清康熙之辛亥補綴周詳
爛如眉列噫百年廢興之
故與
盛朝肇造之典其畧觀一斑

序　五

於茲乎故明規則凡田賦
科目大約定于萬曆以後
漸成濫觴而風俗亦不可
問啓禎之際大運淩遲頹
士節不衰而忠義屢見
清興一代制度聿新雖一邑

具有天下之全模今取所謂風土人物諸項悉載之於編亦猶治一室若必舉家之田產財物盡籍其多寡美惡家之子弟臧獲盡知其賢愚不肖而爲家督

序 王

者始得經理之整頓之焉耳昔傳僧佑父子孫三世宰山陰人皆傳其治縣有譜余以為治道若大路然豈真有譜可私習哉必以為果有其譜也請即以斯

志當之可矣

旹

康熙十年冬十月之吉

賜進士第文林郎知山陰縣

事高登先撰

序

職方氏視禹貢較詳獨先會稽
豈不以有夏氏東巡而封域爲
始盛哉由帝迄王堯著晉舜禹
之蹟並著越賦風俗者代多揚

厲惟孫因越問特標大體則志所自來聖人行之而時至事起學士採之而歌風賡伶艮亦遞會之所趨也開於先必昌於後自其後而觀之道惟古治惟新

開之者一二昌之者且什百未
有已而聖人亦似懸其數以待
後人之增華後人咸受成焉莫
之或逾勢則然也越爲揚州之
一山陰爲越之一漢踵秦名尚

矣朱翠華巡幸得於山陰擧大
亭禮以紀元名紹興而邑則治
其舊蓋不惟嘉名之永錫殆亦
聖人之澤之不可湮而區區謂
虞夏後駐蹕數四爲斯邑光豈

遂以光邑乘者截余世句章越人也令且以越人言越事而句章視山陰道如咫漢及隋唐隸會稽旋隸越越之有句章嘗幷姚江而邑之矣然則以越言越

詎敢出於誇而風媺所至雖欲不沾沾而不可得猶夫宋孫因之由句章入姚江輙有越問數千言然其自序猶曰欲補越絕之所未載廣越賦之所未備而

未能也矧余瞠乎其後欲於今之邑志爲續貂爲學步乎且夫孫子以一代之儒從燕蘆中熟摩往牒及其發而爲文爲賦華山川之奇氣飄飄凌雲遡王梅

溪則遲五十餘載封疆人物吏治民隱覃思幾盡而余方以鞅掌王事之軀偶一偃息之暇謬期考古鏡今進山陰志而釐定之其不爲博物諸君子之所訾

議亦厚幸矣況邑志之修自明
隆慶戊辰迄今百有三稔其間
事與時移所謂得失之林是耶
非耶幸邑中名卿碩彥項背相
望蒐故實而網羅焉時經寒暑

三月五

互爲繙訂重以守是邦者治行

卓絕有

漢陽張公以政餘綜其文獻而

郢中高侯雅意承流參以臧否

古所稱相得益彰斯其允協已

哉滋愧者自分謭劣當此以越

吉越而未能繼句章孫子之後

登高一賦惟沭虞夏氏之遺風

皋絲思簫之聖人經綸於屯與

茲之譽教復旦於後洋洋大邑

今昔有同揆也猗歟盛矣 旹

康熙十年辛亥歲長至日

賜進士桂林郡守何章王嗣皐撰

山陰縣志序

由昭代而溯黄農可考者惟器與書器無過九鼎書無過禹貢其數適相儷後世廣之而圖史之學蔚然以興顧余嘗讀易至

賁之象曰文明以止讀詩至烝民篇曰有物有則夫賁云文矣何以言止民云烝矣何以言則豈不以離下艮上其道從上始而是則是傚在示民不佻者乎

故物不可以苟合受之以賁物不可以徒賡愼之以烝是道也在古則爲山川風物在今則爲簡編乘志卓犖哉勵世磨鈍與時推移洪惟

昭代大一統而式九垓太史崇文
郡誌是採大者綱紀名教小者
務矣褒揚土風比於繁星之拱
極祭川之先河矣山陰故漢舊
邑自郡治去姑蘇而建焉上下

相維歷千百年靡有易者玆且
屬在首轄而顧使載籍坳湮民
志無所觀感縱鄙不我督能不
惕于心歲辛亥余儆行諸有司
亟修邑誌山陰實始之維時猶

有所諱諱夫賢者稗者訛者奪者方言者放而失者雜然並進誌之不足爲史重也幾于以傳翼經而經滋晦以疏廣義而義滋離綰郡符者要之不憂憂乎愼

諸而邑幸有令毅然斯事謂禮
先大宗別支子矣政在承流稱
指臂矣邑吾邑也邑有掌故託
于故老之流傳而不列于文詞
以傳後詎不出此剡夫治行于

名區都人士整有藏書齒危髮
秀之倫上遡百年赫赫如前日
事沿革幾何名損益幾何議鄉
先生殁而祀于瞽宗者何例之
從吏習民安法維舊而志維新

者田賦丁徭何若畇畇原隰維
禹甸之山陰故土其猶可按圖
而求乎余因思史之不可以無
誌猶郡之不可以無邑書曰如
綱在綱又曰若作室有基無壞

碁羅而星置之千巖萬壑應接不暇其猶掌上之紋螺也所慮一卷之書昭往躅則是懸象魏則非循名失實而思廓然有以大變其俗也民其許我乎漢吳史

謂南斗星紀而魁次二星主會
稽亦司政事茲山陰猶漢舊名
郡與邑同之覽其版章詢其政
事廢幾與鑄鼎作賦紹禹舊服
哉虞夏氏而後風徽可作則文

明以止有物有則邑以是達之郡郡以是達之畿禹貢一則在是矣誌之揚扢長吏非所問亦曰八索言其求九丘言其聚有多士在　旹

康熙十年二月上浣

賜進士第中憲大夫知紹興府事

漢陽張三異謹撰

山陰縣志序

邑之有志所以紀山川誌人物
考食貨別沿革蓋有史家之遺
意焉至鉅典也山陰爲越郡首
縣襟江帶海形勝甲東南魁奇
雄傑禮樂文章之彥比肩接踵

天下之數名邦者指必第一屈
也而縣志一書自勝國隆慶時
邑令楊君與鄉先達張公内山
柳公彬仲脩輯之後曠百餘年
無過而問焉者文獻無徵典章
淪落殊可歎也漢陽

禹木張公以廉明治郡百廢具
舉撫諭屬城先脩邑志而以郡
志總其成山陰令鍾祥高公廉
介賢能爲治行第一首先告竣
余受而讀之不惟千巖萬壑蘭
亭柯山之勝宛在目前而歷代

忠良孝義文苑儒林班班可攷
于前書之訛者正之闕者補之
其自隆慶以迄今茲則網羅舊
聞搜採遺逸發凡起例既核且
備典則明而制度悉因革辨而
懲勸嚴余因歎是書之大有功

是邦而高公之政事文章爲不可及也方今
天子神聖脩明典禮高公旦夕以賢良奏最出入承明金馬著作之廷行見功在國史豈止一鄉一邑之被其澤也哉抑余有進

焉者張公之治郡第五倫劉寵之伯仲也高公之宰邑顧凱之之流亞也一方著美上媲古人使他年讀是志者或翹首而興思或頓足而起舞則楚中二賢巳登乎三不朽之列又豈止一

時之文章政事已也四明王德
邁先生今之班楊也實爲總裁
而釐定焉其分纂校閱則邑庠
彥沈麟趾單國驥以及朱起豉
馬式玉諸君皆博雅風藻質有
其文與有勞績不可以不書是

爲序　旹

康熙十年辛亥臘月東吳孫魯

書

山陰縣志序

山陰者以其在會稽山之陰蓋自秦罷侯置郡遂爲會稽二十四縣之一歷代

以來因革不一而山陰之名屢見史册考其彊域則三浙以東曹娥以西皆其境也後析東鄙置會稽而

以西爲山陰於是方隅始
半于古矣然仍爲越郡首
善之地七邑將受成焉邉
陽張公來守我郡修舉廢

隧以爲政之本莫大於圖
籍是周禮大司徒所以周
知地域廣輪之數辨其山
林川澤丘陵墳衍原隰之

名物制爲畿彊溝封計其
五土之所生設十有二教
以佐王安擾邦國者也不
可以不修也乃下令諸邑

各輯其所部以爲書而山陰志先成蓋大令鍾祥高公善於董率而編纂諸君致于考索執藳以爲志之

作也匪特脩記載侈博綜
而已蓋土地之腴瘠風俗
之淳澆山川阨塞生民利
害之故皆臚列其中爲人

上者撫圖按籍指掌粲然
其於臨民出政之間可以
知所先務爾比張公敬奉
簡書承流宣化之本意而爲

公能仰承之豈惟一時畢
被其澤將垂之永久凡在
此位者皆知所取衷焉一
卷之書豈爲具文哉志成

之日予復濫職地垣于司
徒之籍得以與聞戢庵高
公之請而爲之序若乃東
南民瘼于今爲甚山陰劇

邑興利剔弊廹於解懸有
公等在無事顧維桑而側
足矣　昔
康熙辛亥歲十月吉旦

婁户

奉

特旨以京卿管掌印戶科給

事中事辛丑會試分考[illegible]

從

經筵郡人姜希轍題

敘

志者何所以章往攷來壹民志而定俗也故齊奢魏儉鄭汰唐思各成乎俗今之志猶古之風與風沿乎下志定乎上厥維重哉然而非其時不舉非其人不

興非其識與學不立永平右文漆書乃出茂陵好古逸禮斯傳所謂時也南國之風始周召西河之教自魏田移風易俗存乎其人矣若乃杜元凱之發凡必資故牒張平子之表正兼用新

裁匪學匪識斯事曷稱焉山
故揚州重鎮其山川人物照耀
曩編豈林蘭渚三康二虞之烈
風流如昨也然由繹往志自勝
朝隆慶迄乎今茲百十餘年滄
桑代謝舊簡荒落貞姬晦迹于

黃壚烈士埋寃于幽草弔古者
爲之鬱伊有道者聞而色動矣
邇者
天子崇起文治國史而外命儒臣
纂定實錄以備一代制作於爍
哉潤色鴻業千載一時海內鄰

志郁乎興起太守漢陽禹木張
公之蒞會稽郡也三載于茲矣
淑化風馳清操霜厲於越之區
首稱上理同時佐郡者爲虞山
沂水孫公尹山陰者爲鍾祥倩
升高公並皆國楨民譽鼓化宣

流政既成而張公猶以爲雖休
勿休也于是毅然作而曰是郡
百廢具舉乃志典闕如其可乎
爰搜故藏命輯新編捐貲訪聘
不遺餘力總是役者則爲德遺
王公及仔蒼茹公登子張公加

以廣文子威高公暨諸文學沈
生麟趾單生國驥繕草朱生起
莪馬生式玉爲之分校不旬月
間而沿革列乎掌瞭表章及乎
幽遐蘭臺石室之書無以過此
余新叨承乏之適逢盛舉樂觀其

成則此志也豈非所謂有其時有其人而又得其識學兼長者爲之左右與郡有八邑邑各有志行見志定而民從表端影正異日者太史採風無餘之國用奏成書于以襄文治而垂不朽

古今日爲之甚始矣然則斯志

其何可志所自耶謹敘

旹

康熙十年歲在辛亥涂月之吉

華亭張雲孫撰

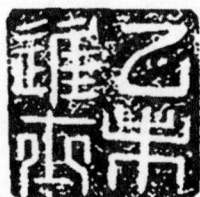

增補縣志記畧

山陰邑乘自鍾祥高公修輯之後秩然明備訖成大觀余偶一披覽舉凡山川疆域人物風尚與夫興廢沿革事無鉅細綜覈不遺始歎公之有裨於文獻爲

不朽也然辛亥迄今不過三十
年而板籍收存遂多殘闕夫以
前人之旁搜博採編纂成書不
知幾許心勞乃令覯者有飄零
散失之憾可乎哉及今不爲增
補竊恐歲月經久漸至淪亡是

亦守土者之責也爰考其缺略計五十餘頁悉倣原本捐俸鐫之敢曰修廢舉墜亦使後之君子無飄零散失之憾斯已耳因援筆記之

旹

康熙歲次辛巳季秋知縣事長
洲顧彪書於退思堂

山陰縣誌補遺序

山陰縣誌一書成於張太僕先生父子猶李氏北齋書也與郡之嘉泰誌稱佳構焉

本朝續之歲久雕板散失失而不已勢且昔有今無如陸放翁嘉泰志求其善本已零落不可復得誰之咎與

山陰邑侯丁公檢閱愀然爰命搜補
其闕踰年顛末復完凡圖誌傳中今
新鐫者皆是也噫亦勤矣夫玉巵無
當棄而弗用故書貴於完也驪珠既
失追而弗獲故補貴於早也昔史公
之序春秋也曰文成數萬而張晏有
言曰春秋止萬八千字何數萬也然

今細數之更闕一千四百二十八字
豈夏五郭公之外復多斷編殘簡與
夫誌猶春秋也吾越之誌僅存其名
而罕見其書者如謝承之會稽先賢
傳鍾離岫之會稽後賢傳孔氏之山
陰記虞預之會稽典録其軼時見於
冊府元龜藝文類聚諸書其號猶存

於天下書目崇文總目諸部而欲致其山川風土人物成一方之文獻倫千載之典型則已全豹莫窺末由裒集豈不惜哉今　侯下車以来脩學宮謂教化所係也修蘭亭謂

聖祖御墨所藏且名蹟也其他水利祠廟百癈具舉今又力補誌書之缺使

先儒精力不沒於荒煙野草之間此其功殊不小矣抑關書多倫於後世如陶潛文集梁有五卷隋有九卷唐有二十卷蓋善補也有其補之莫敢廢也且聞嘉泰舊志吴下尚有藏本愧余力不能得　侯能及早得之則余益眉奮肉揚當爲　侯再弁一言

矣是爲序旹

雍正二年歲次甲辰四月中浣穀旦

賜進士出身文林郎翰林院

國書庶吉士治年家弟魯曾煜拜撰

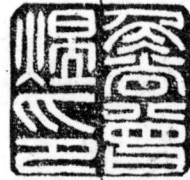

山陰縣誌補遺序

古之君子其讀書也殘缺者補之失次者序之凡以作之於前守之於後其道一也山陰縣誌手自名儒義甚嚴而辭甚贍奈歷歲

既久鏝板散失難稱全璧
余力爲搜覓踰年後始得
薈萃遂重雕以壯役之夫
誌猶史也史記之缺褚生
補之漢書之缺班昭補之
此以作爲補者也尚書二

輿之缺補自航頭泰誓之
缺補自女子此以補爲補
者也若迺周禮之缺冬官
河間獻王至以千金購之
不得而春秋鄒氏無師夾
氏不傳易經連山歸藏劉

炫僞造說卦序卦歐陽不信嗟乎古人精義遭此厄運亡經三史乃日月經天江河行地者猶復不免而況他書乎蓋古人之書以簡策則易脫落矣昭縑帛

則爲帷幔衣服矣且唐馮
瀛王以前書無雕本則又
寥寥無幾矣其有所缺也
宜也今人免縣趨易轍不
珍惜聽其兵燹蟲鼠風雨
婦豎毁焉棄焉其有所缺

焉又勢也第古人之書古人補之而古人之書缺而後完今人之書今人不爲補之而今人之書不爲古人所笑乎故余今日之力補誌書亦猶行古之道也

抑余尤有進焉山邑戶口
繁多山川環繞自前誌迄
今以圖則有滄桑以誌則
有興廢以傳則有忠孝善
義文學藝術高人逸士之
紹起故誌在於補尤在於

脩但脩而不補是舍桃問梨也補而必脩又得隴望蜀也余未遑脩而先爲補之亦爲脩之之地云爾故余望後之能脩之者尤望後之能補之者

時
雍正二年歲次甲辰清和
月
誥授文林郎知山陰縣事
加二級丁弘顯并書

記畧

志之所係已詳于
高侯姜胡兩先生序幷余郡志序矣
不再贅是舉也倡議于
濮陽禹翁張公祖任事于　郢中倩翁
高父母綜繕草之功者沈子天石單

子午艮也任分校之勞者朱子騰之馬子又如也始事于春踵成于夏涉秋而槁竣

郡守張公猶𩻛𩻛致慎更歆禮甬東德邁刺史　王公校閱而綂其成于是訂疑正譌删繁就簡歷秋而冬又越

數月而書始登梓噫難矣或曰八邑猶是也何難乎山陰余曰不然山陰者八邑之領袖也地里人物冠于諸邑書之不得不詳亦不易詳且他邑間有修舉山陰自勝國許楊二侯暨太僕張公纂輯以來久無繼者况舊

志所載嘉隆人物槩不輕入以爲身
歿未幾輿論未定何先輩之慎重如
斯耶然則他邑或距七八十年山陰
則相隔百有餘載皆故老之所不及
傳聞加以時交

鼎革謬譌錯出疑似無憑不更難于採

覈哉乃
郡公申諭再三　邑侯傾心咨訪　王
公及沈單二君博徵廣稽公是公非
上備史裁下正風俗留千秋治道人
心于不朽後之宦者紳者士民者俱
有所感發而奮興俾山陰之地里人

物果表表冠于諸邑則
郡公邑侯與數君子之功實相垂不泯
矣書成沈單二子曰茹子實董其事
盍序諸余曰序敢乎哉無已請記其
畧亦曰徵文考獻釐正良難書某年
某月某日重修山陰邑志某人等使

後之視今若勝于今之視昔以是爲毋忌鄒痒百世可憑而已矣至若我邑文章節義素甲江東盡入梨編不勝殺青惟彰公信以存三代倘稍涉可疑寧慎毋循抑或聲望雖著而論定有待名節可傳而湮沒無稱者統

俟後賢之補綴毋啓令人之缺畧可

也是爲記

旹

康熙十年歲在辛亥陽月

賜進士第邑人茹鉉撰

山陰縣脩志姓名

鑒定

中憲大夫知紹興府事三韓　王之賓

奉政大夫嘉興府同知署紹興府事開[illegible]　孫明忠

叅閱

奉政大夫同知紹興府事奉天　邊　安

原任奉政大夫同知紹興府事沔陽　章綏世

承直郎通判紹興府事桐城　王　珮

原任承直郎通判紹興府事三韓　楊　彩

重脩

文林郎知山陰縣事漢陽范其鑄

督補

原任文林郎知山陰縣事三韓景　融

廸功郎山陰縣縣丞吳縣文　軾

山陰縣儒學教諭西安王世崔

山陰縣儒學訓導寧海陳一茳

考訂

奉天府府丞邑人姜希轍

山陰縣誌目錄

附圖三　布政分司圖　縣署圖　學署圖

卷之四

山川志上　形勝　山　塢　洞　溪　澗　渚

附圖九　卧龍山圖　蕺山圖　塔山圖　爐峯圖　梅里尖圖　秦望山圖　梅山圖　塗山圖　越王峥圖

卷之五

山川志下　浦　瀆　塘　池　潭　湖　淵　江　海　橋　渡

附圖三　鑑湖圖　柯橋圖　海防圖

卷之六

目錄終

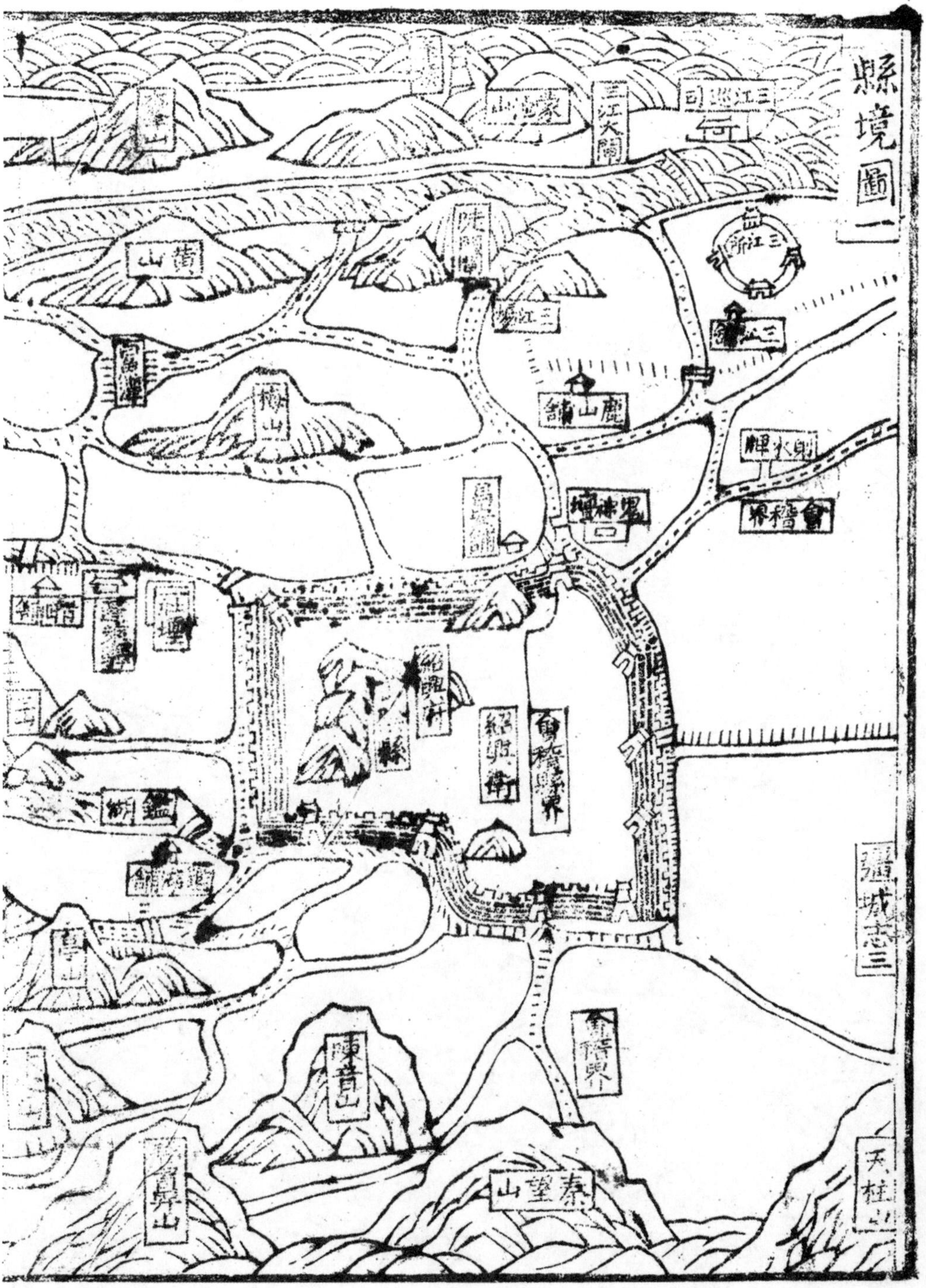
縣境圖一
三江巡司
三江大閘
黃山
三江所
鹿山舖
則水牌
會稽界
紹興府
紹興衛
會稽縣界
鑑湖
會稽界
陳音山
秦望山
天柱山

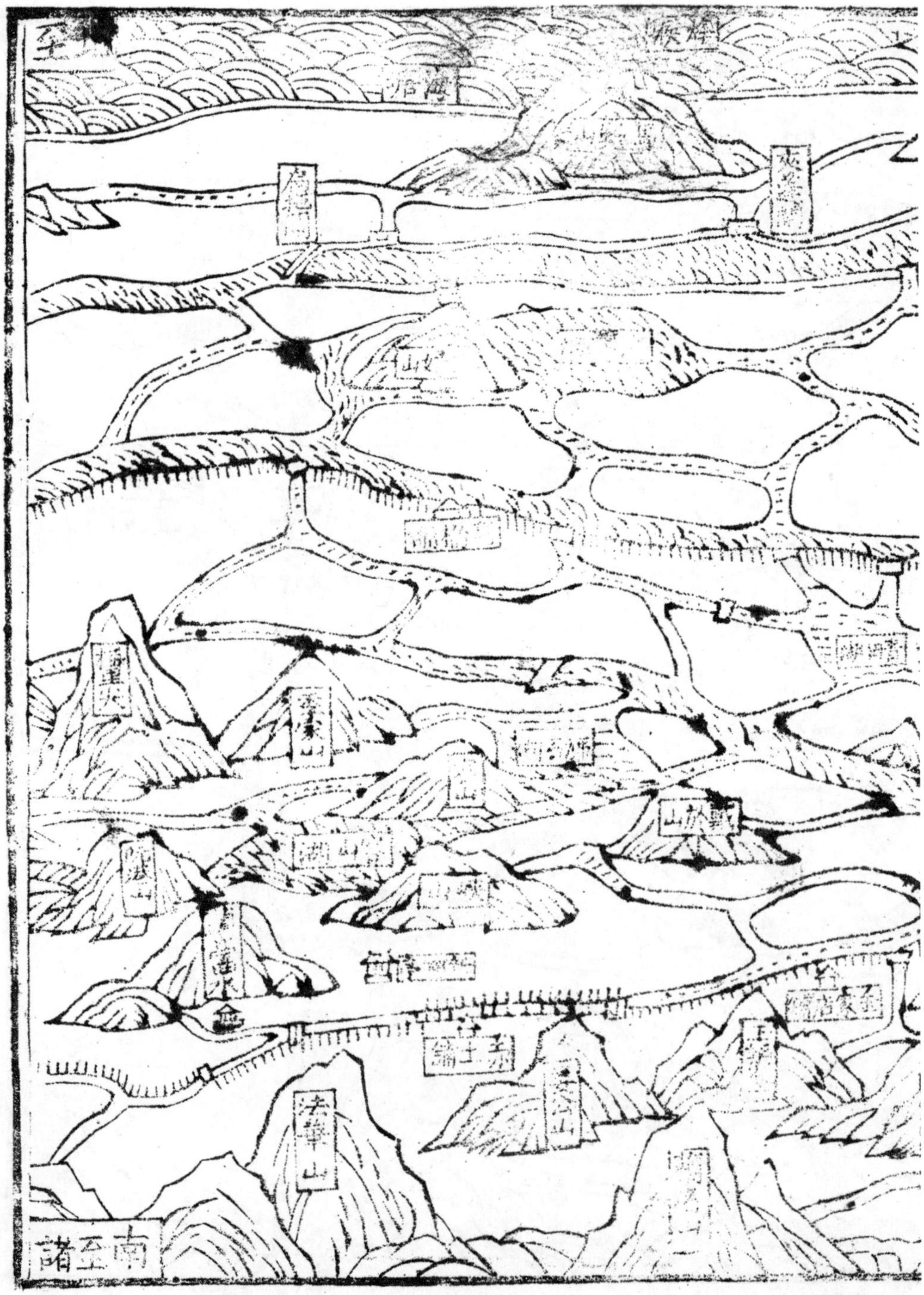

海
法華山
南至諸

海
党山
塗山
羊石山
瓜子湖
柯橋
梅市舖
柯橋舖
柯山
秋湖
州山
覆舡山
銅井山
六峯
諸暨縣界

杭塢山
白馬山
銭清舖
太平橋
外山
大岩山
批驗所
台

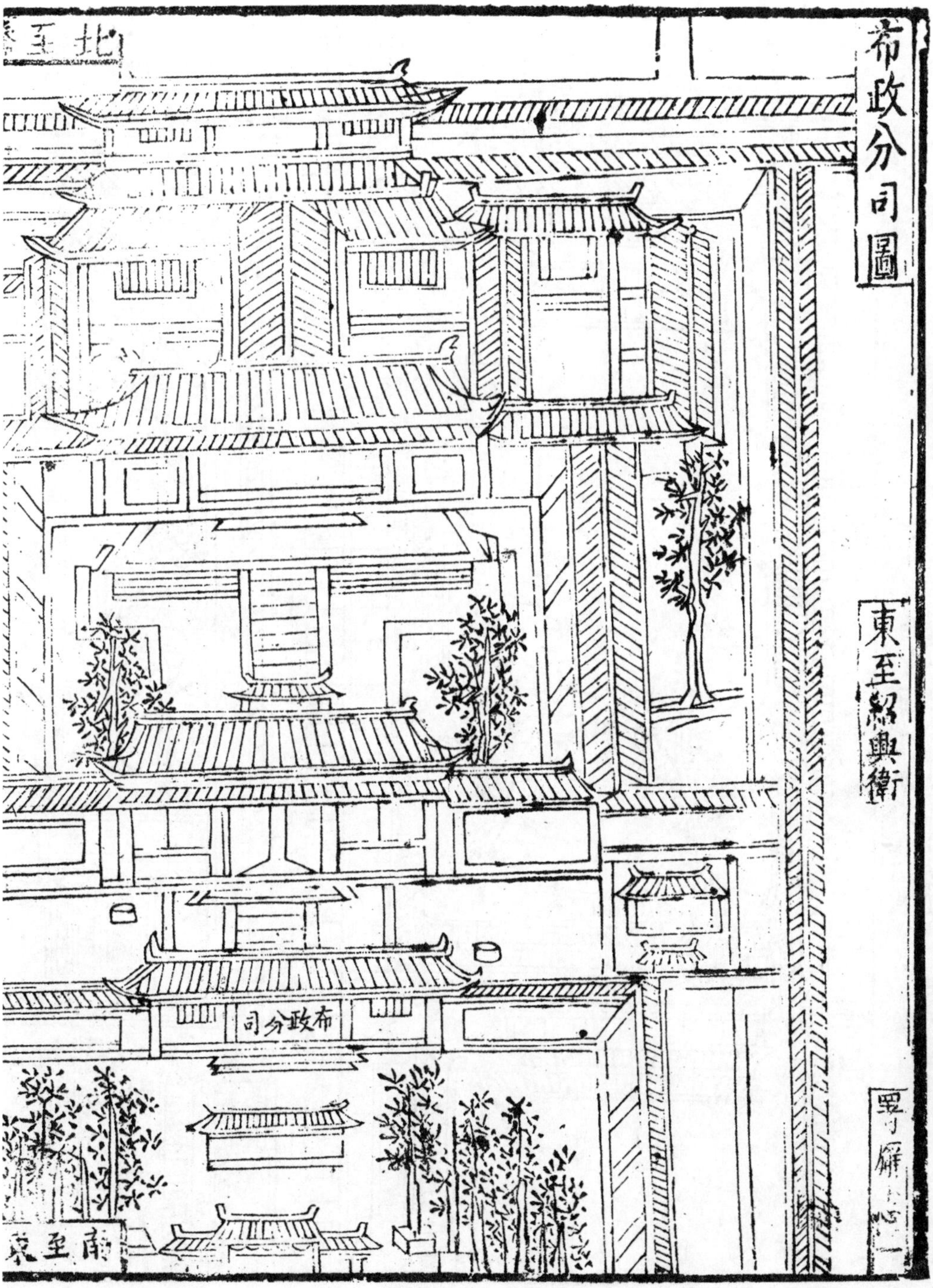
布政分司圖
北至
東至紹興衛
布政分司
南至

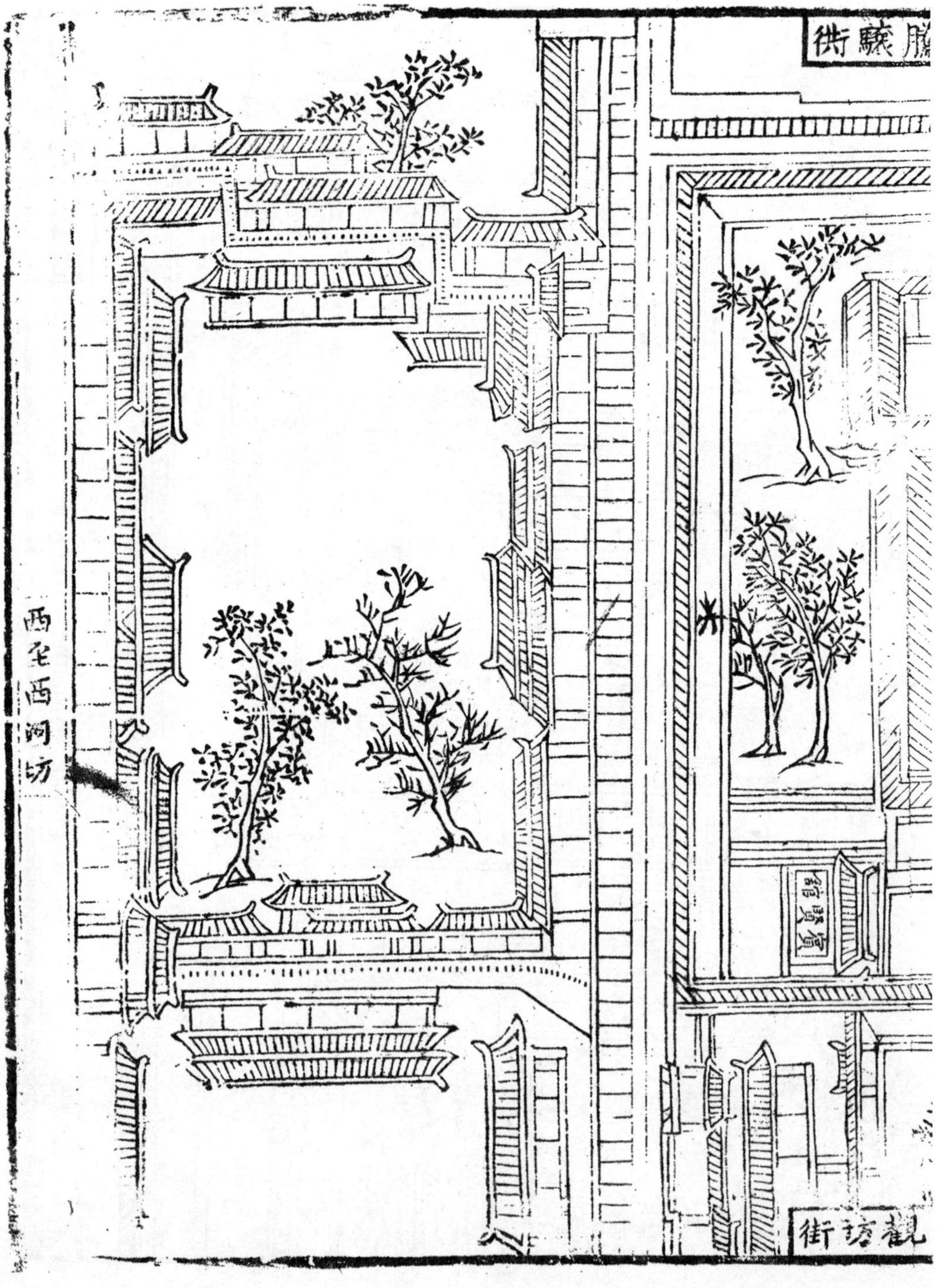
驍街
西至西河坊
觀街

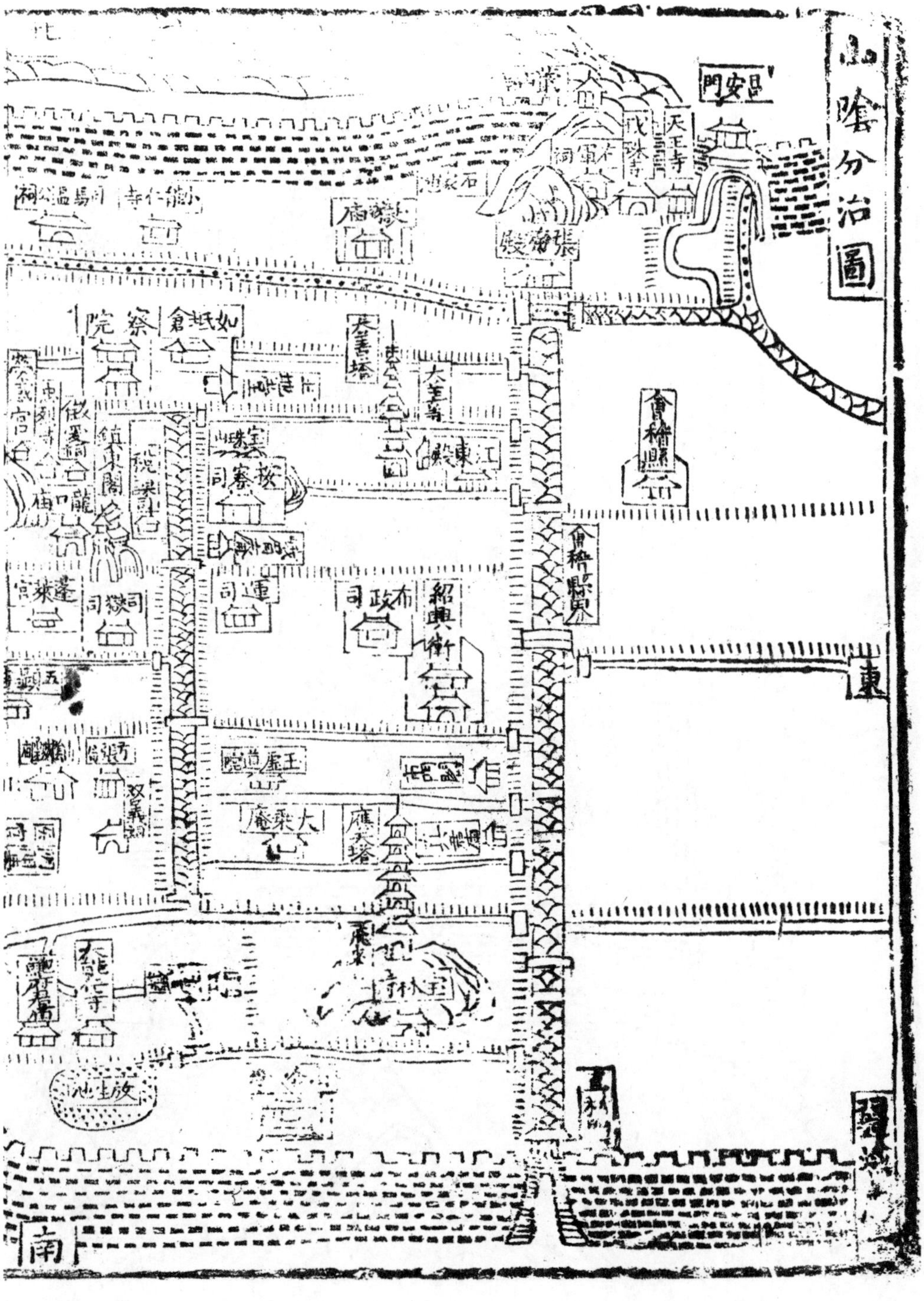
山陰分治圖
北
昌安門
天王寺
戒珠寺
張神殿
司馬溫公祠
能仁寺
如意倉
察院
大善塔
大善寺
江東殿
會稽縣
按察司
鎮東閣
龍口廟
蓬萊宮
司獄司
運司
布政司
紹興衛
會稽縣界
東
王屋道院
大乘庵
應天塔
寶林寺
放生池
南

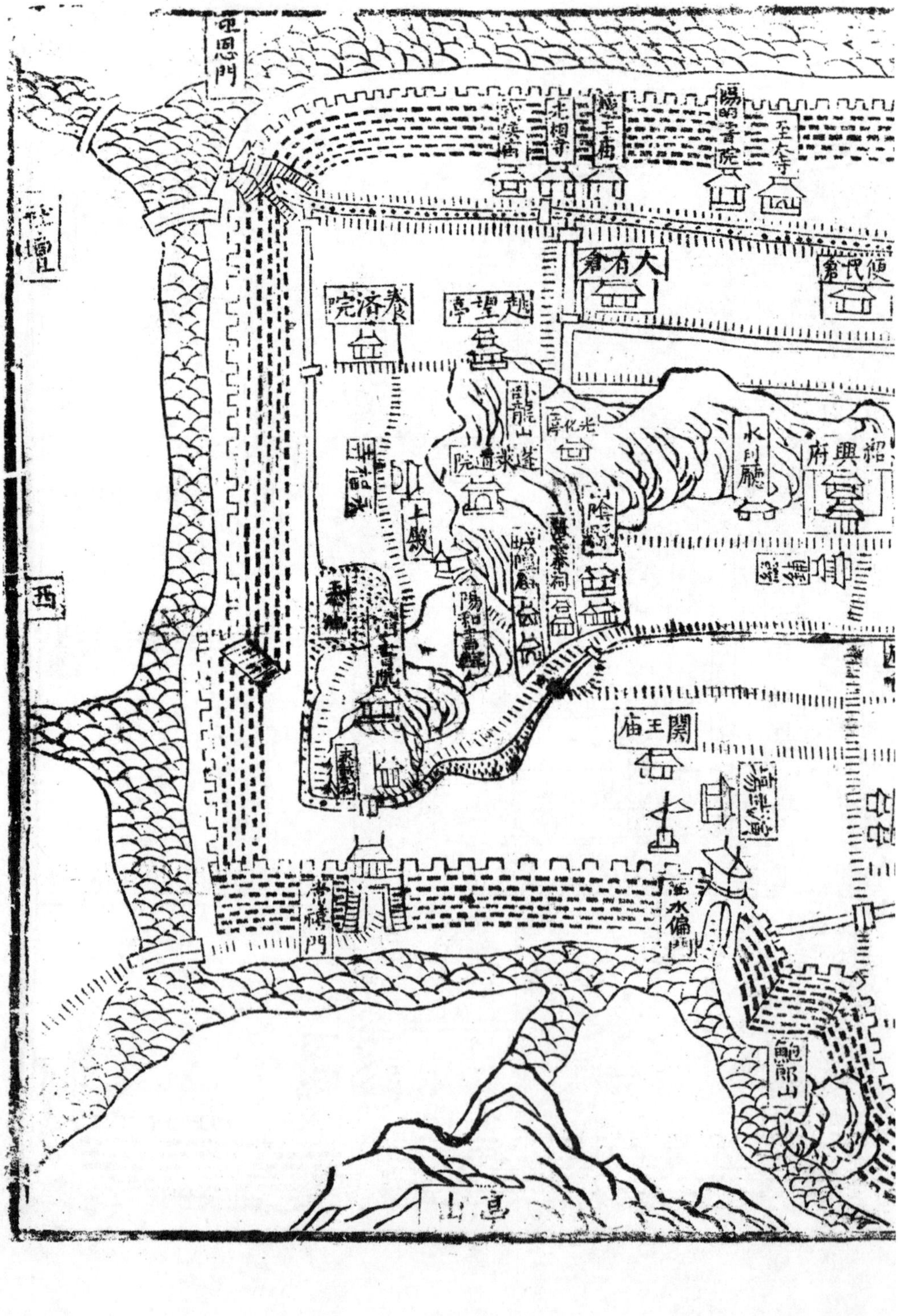
迎恩門
光相寺
陽明書院
至大寺
大有倉
便民倉
養濟院
越望亭
臥龍山
光化亭
蓬萊院
水利廳
紹興府
陽和書院
關王廟
常禧門
水偏門
鮑郎山
亭山
西

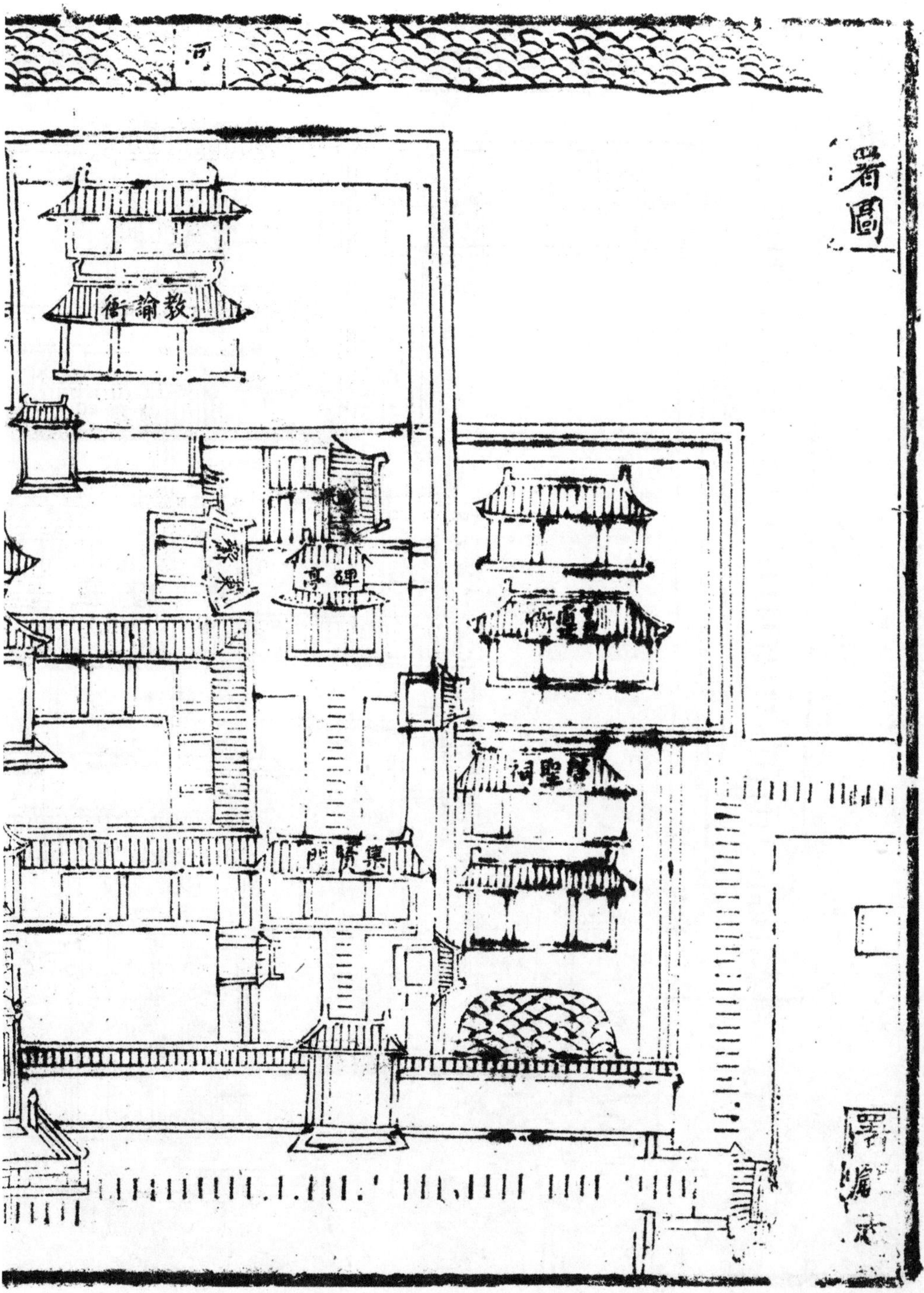
河
署圖
教諭衙
碑亭
啟聖祠
集賢門

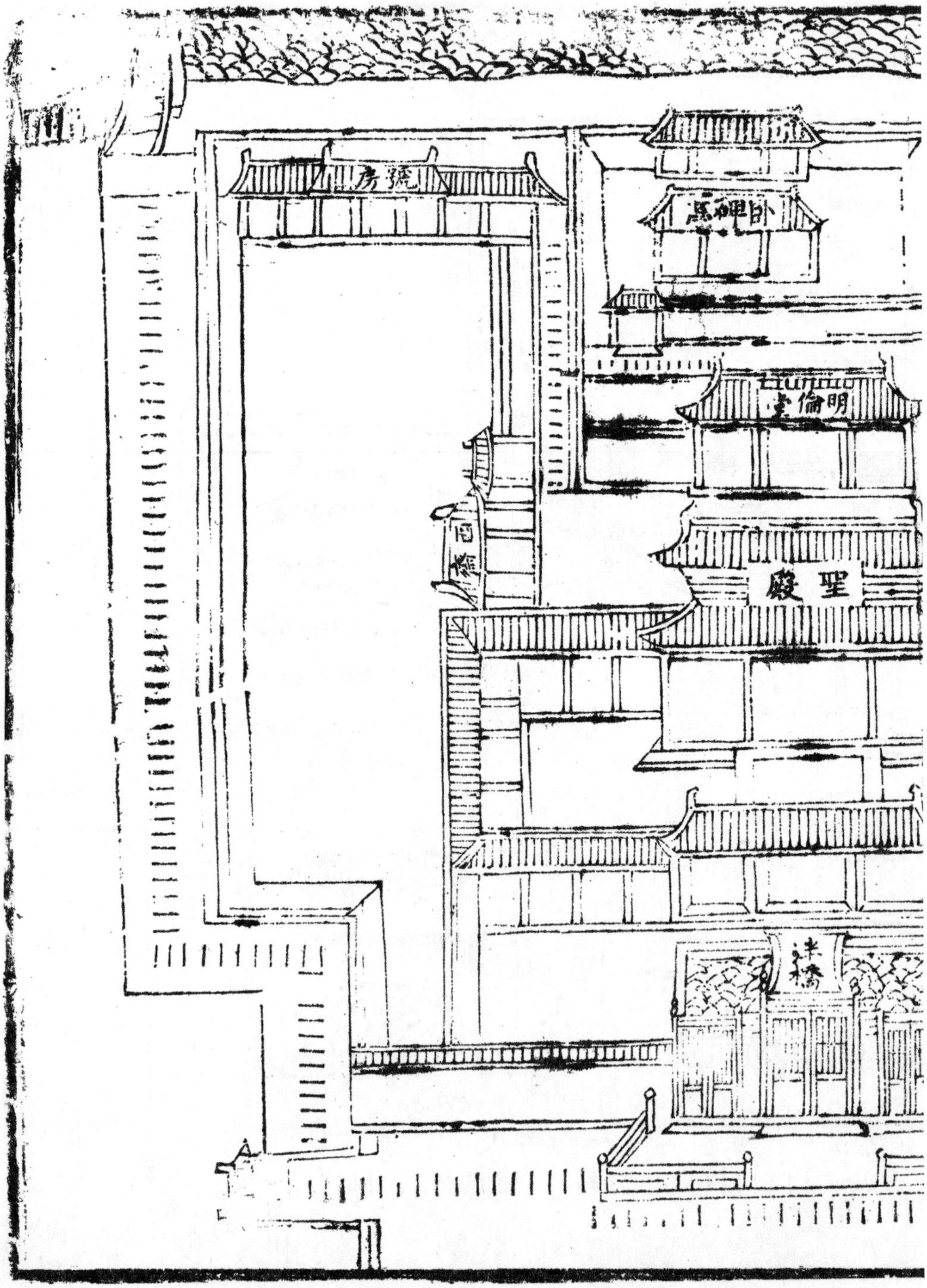
號房
卧碑亭
明倫堂
聖殿
泮橋

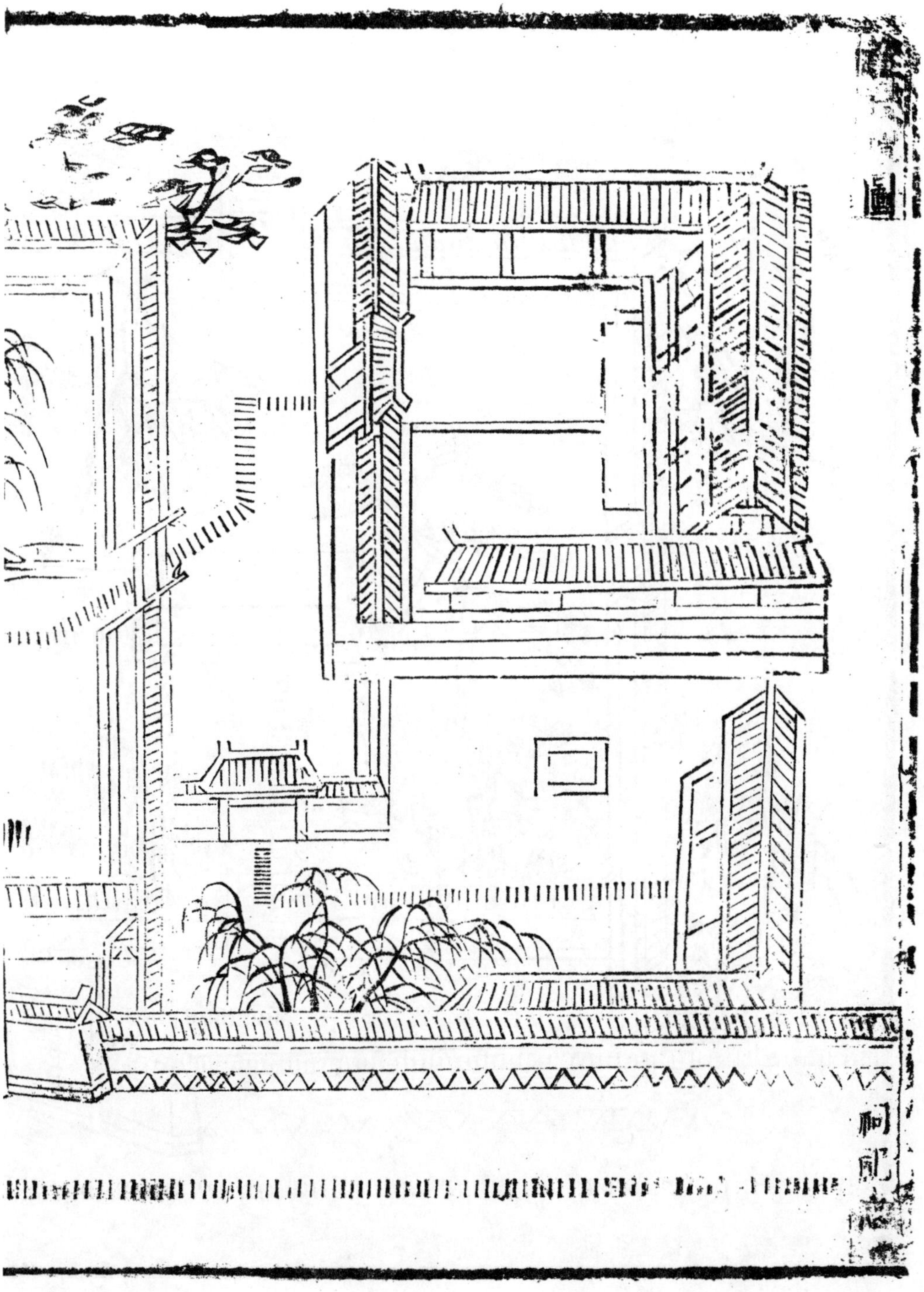
圖

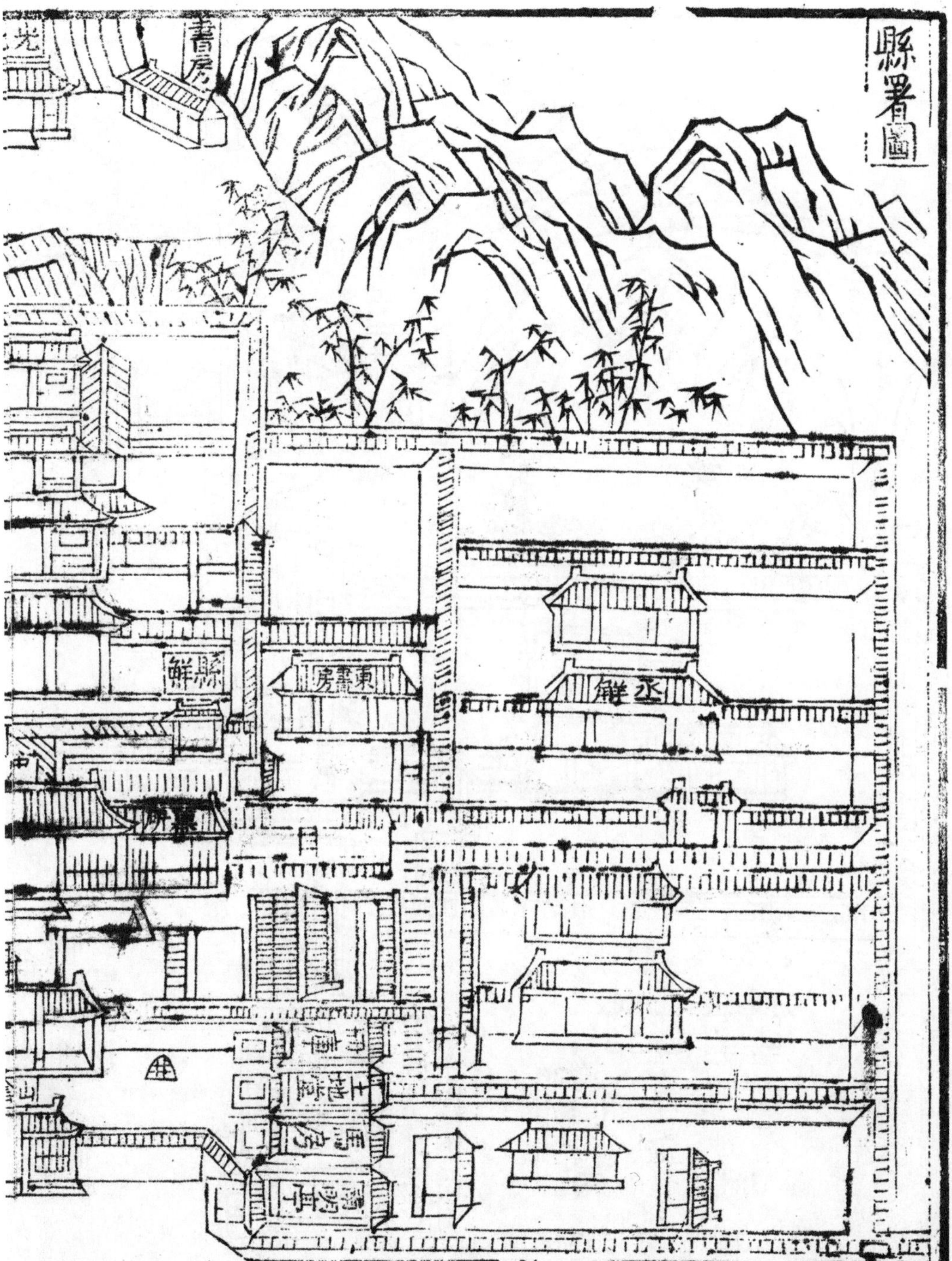
縣署圖
書房
縣廨
東書房
丞廨

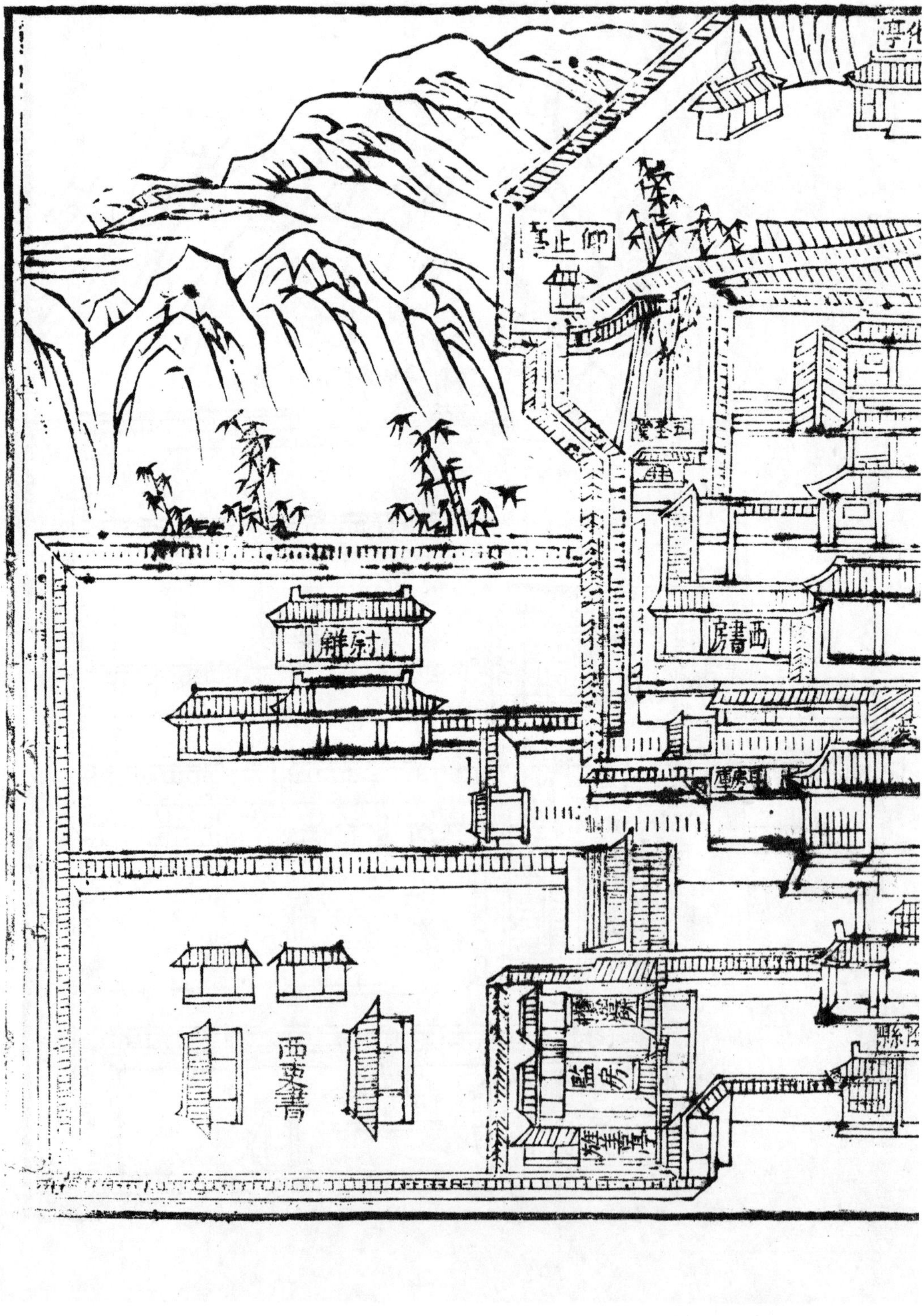
仰止亭
西書房
尉廨

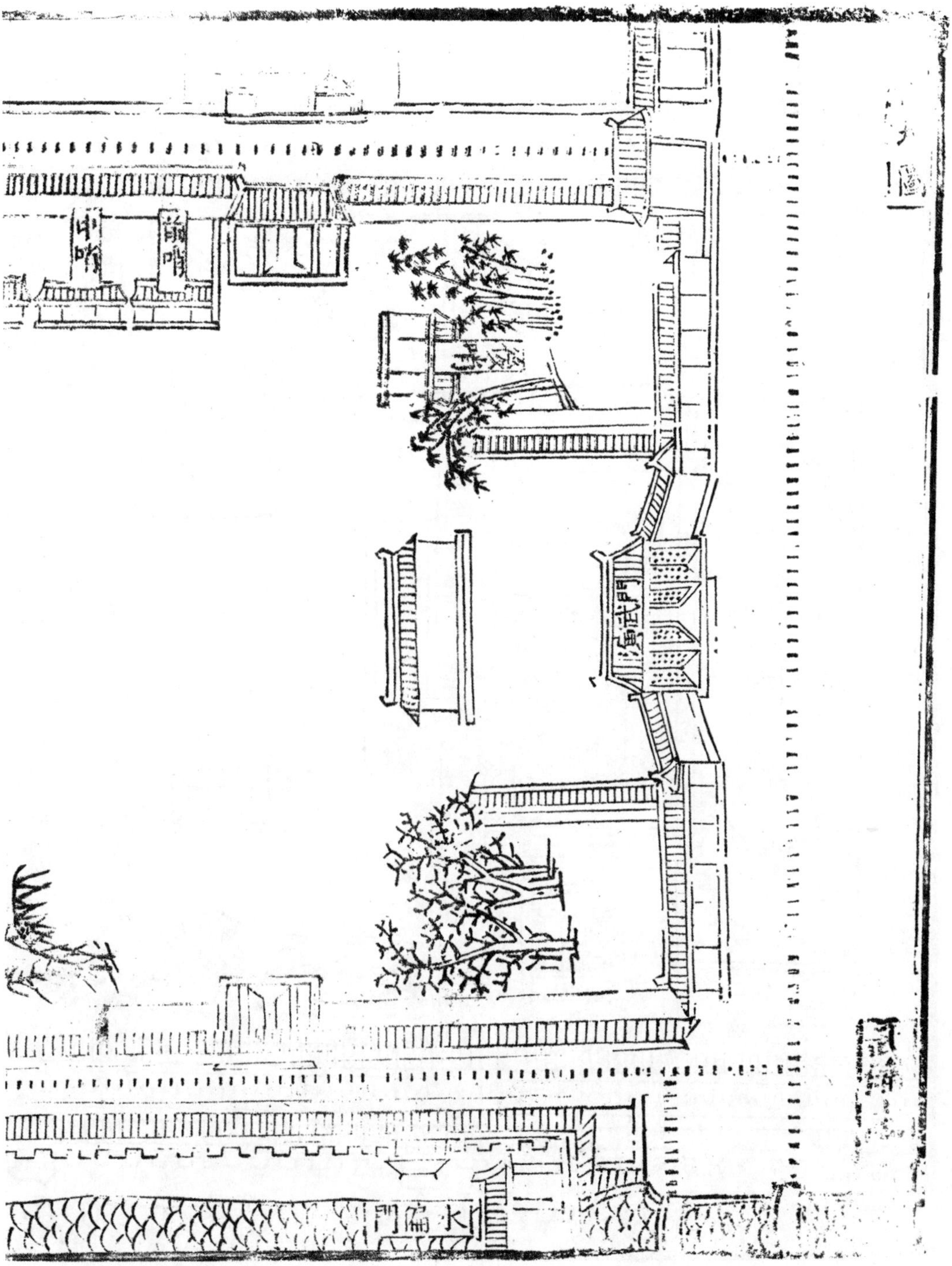
中哨
前哨
大偏門

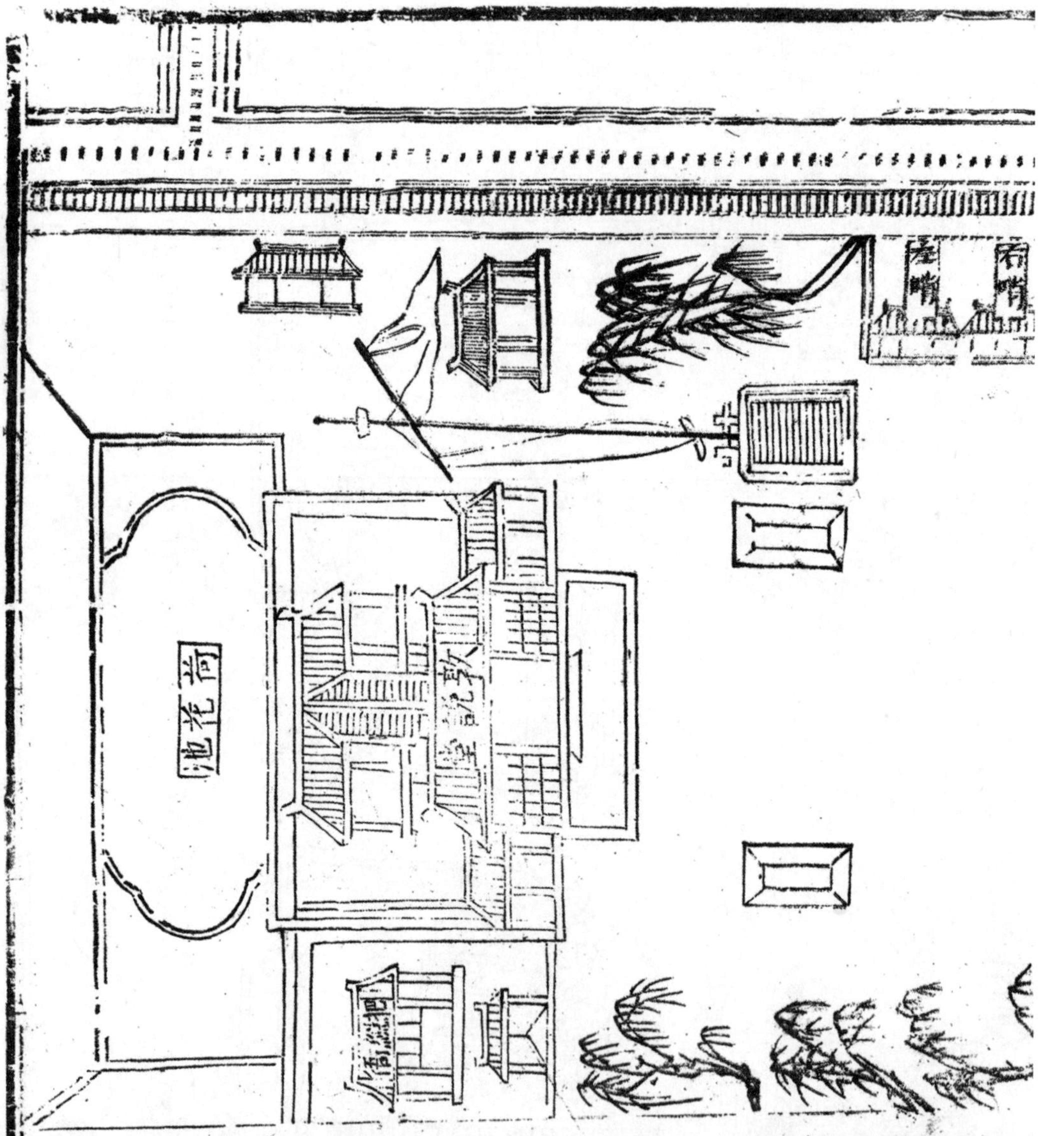
荷花池
左哨
右哨

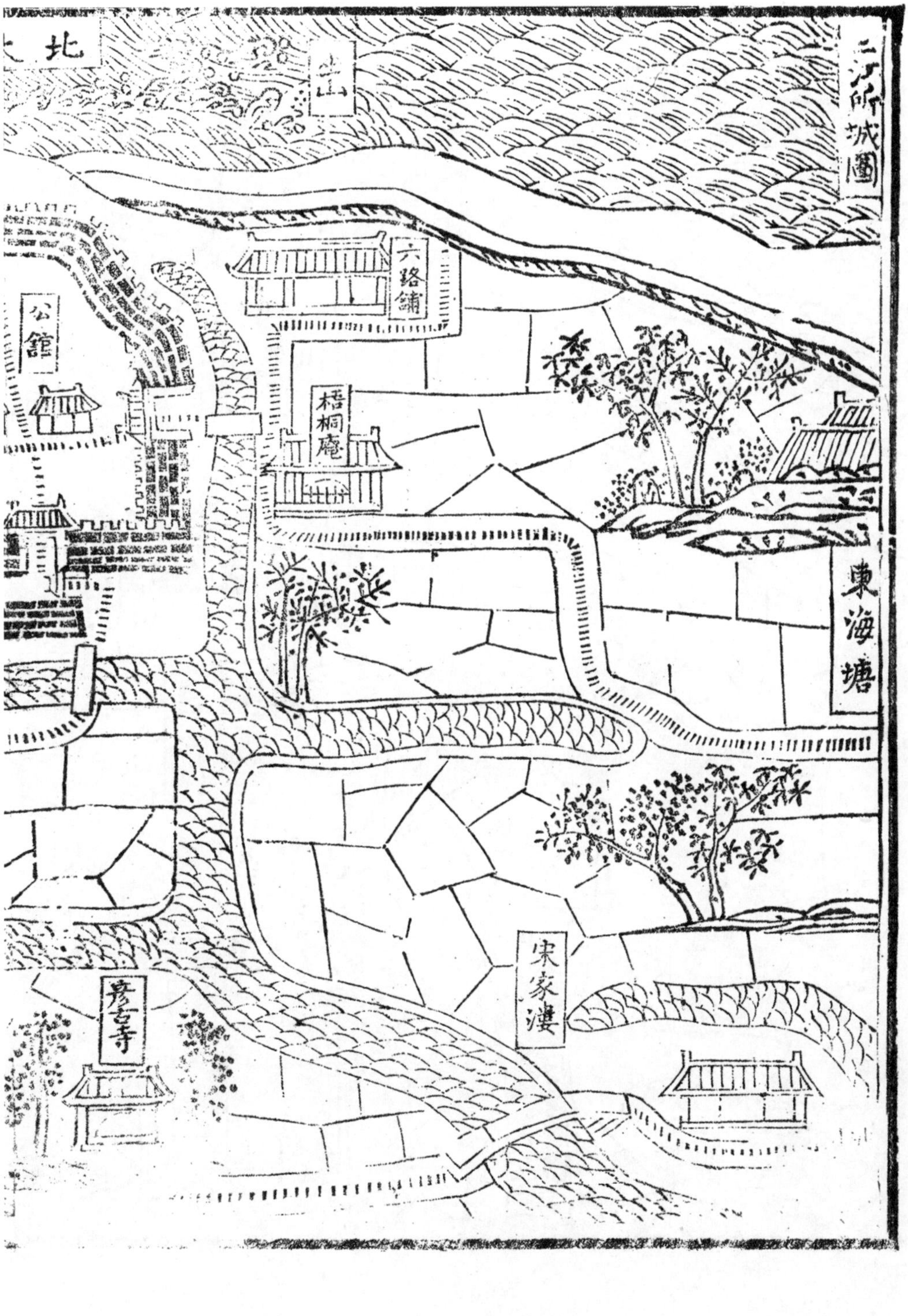
三江所城圖
北
六路鋪
公館
梧桐庵
東海塘
宋家漊

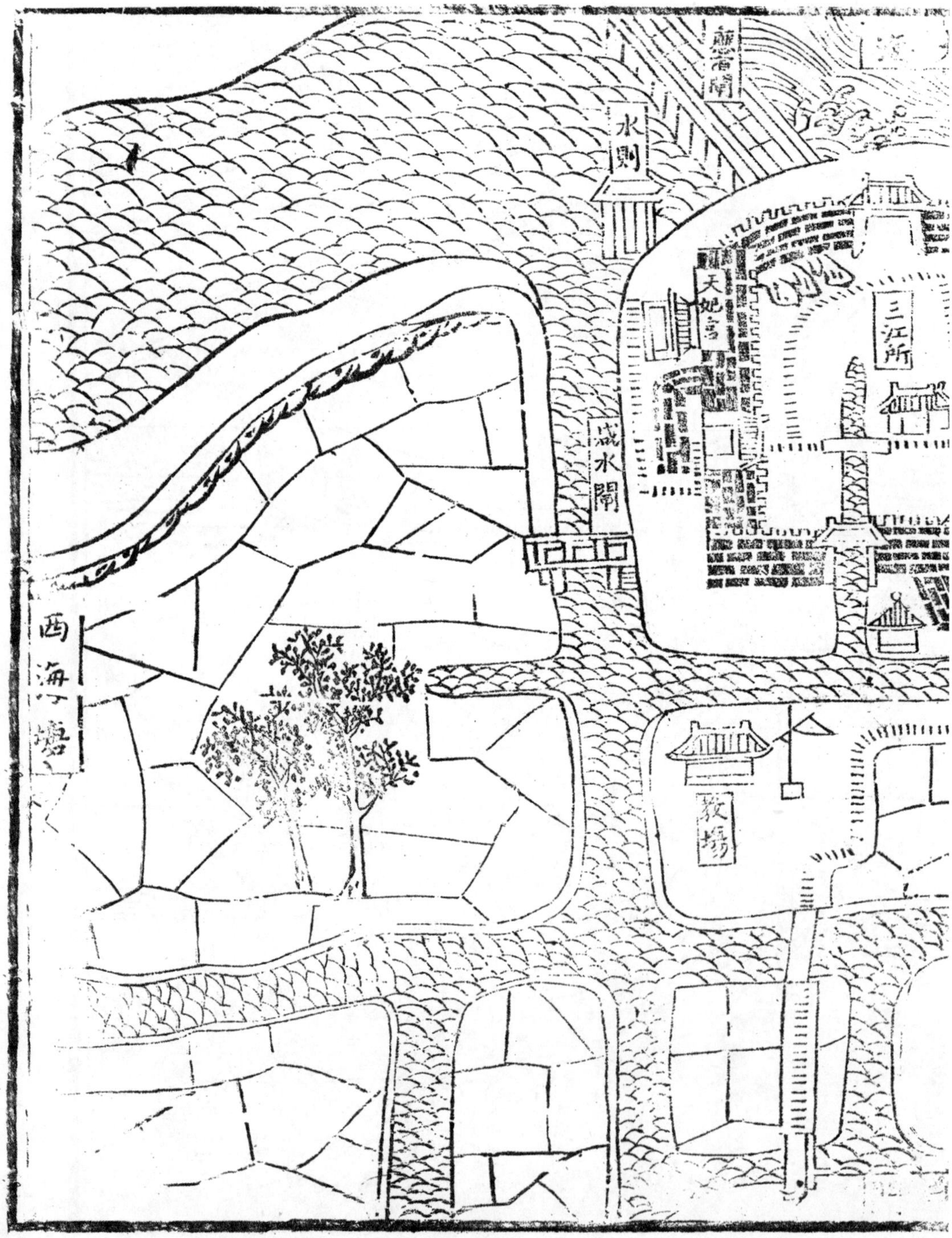
應宿閘
水則
天妃宫
三江所
咸水閘
西海塘
教場

海防圖
山川志
大
三江閘
門

海

党山其至

鳥[]𡘙廿至

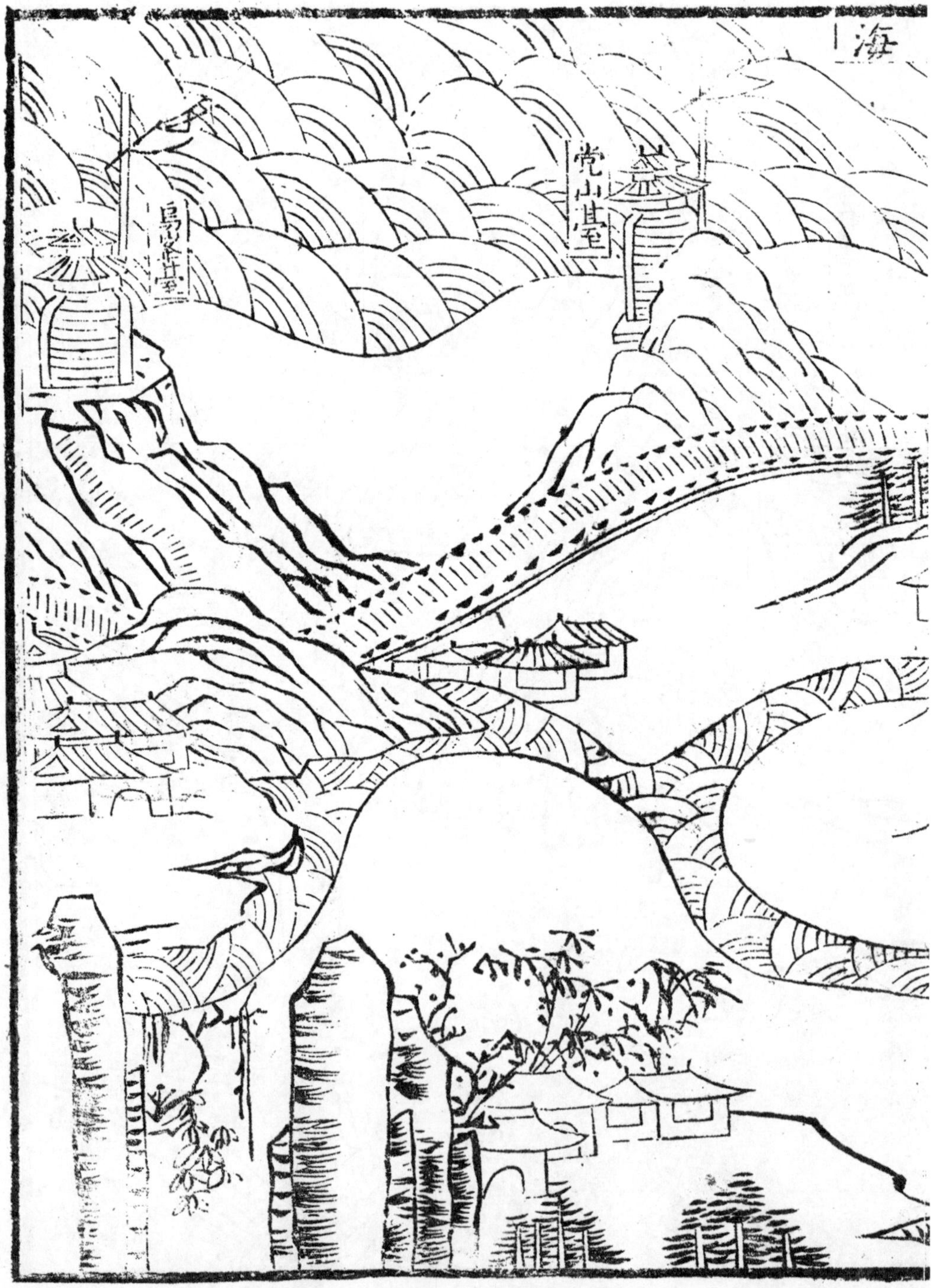

圖
飛珠山

平石山
上方山
下方寺
梅山寺
梅山大港
西向魚

府城隍廟圖
越望亭
紫翠亭
文昌閣
城隍殿
甬道
祠祀

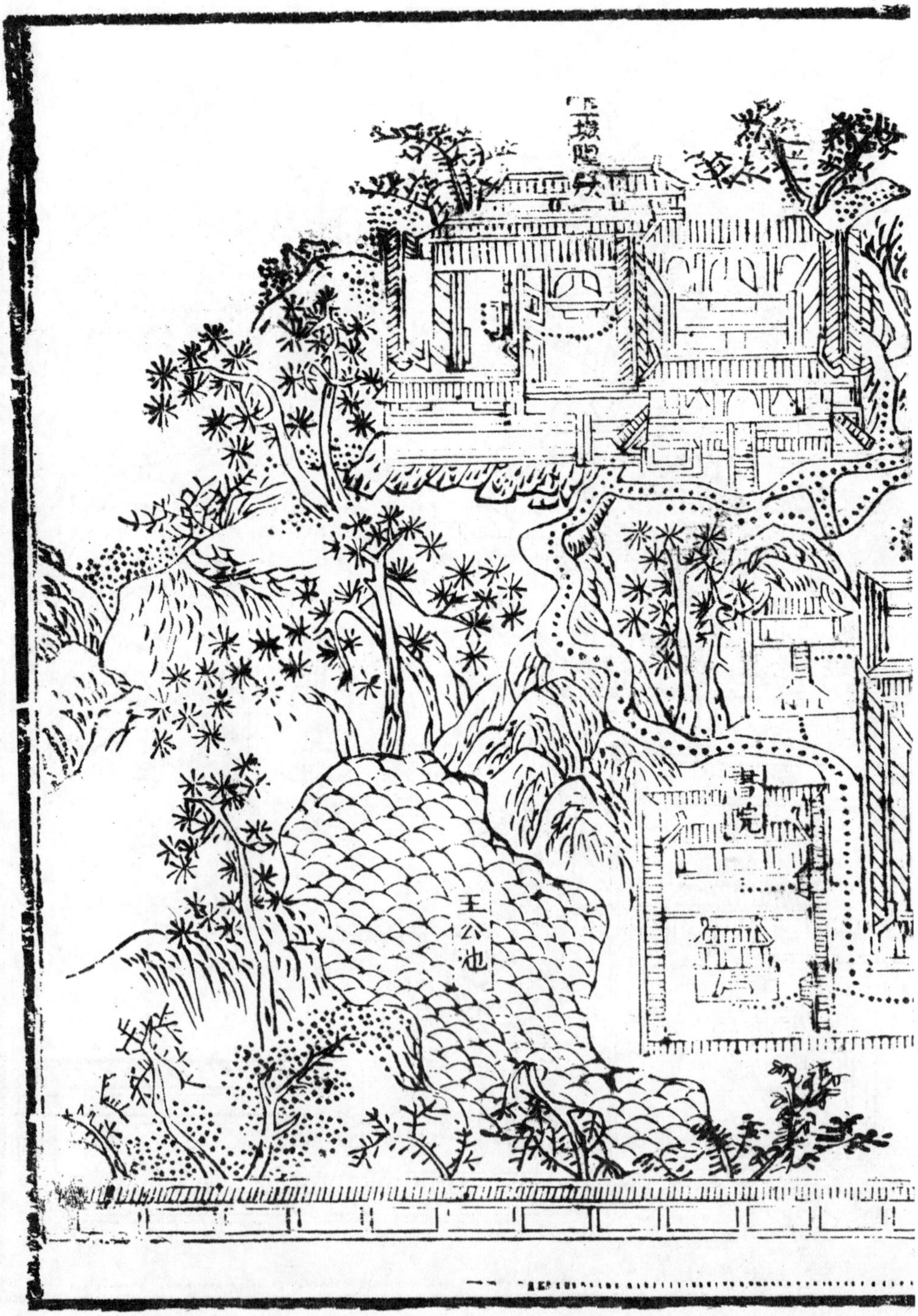
書院
王公池

大海
三江所

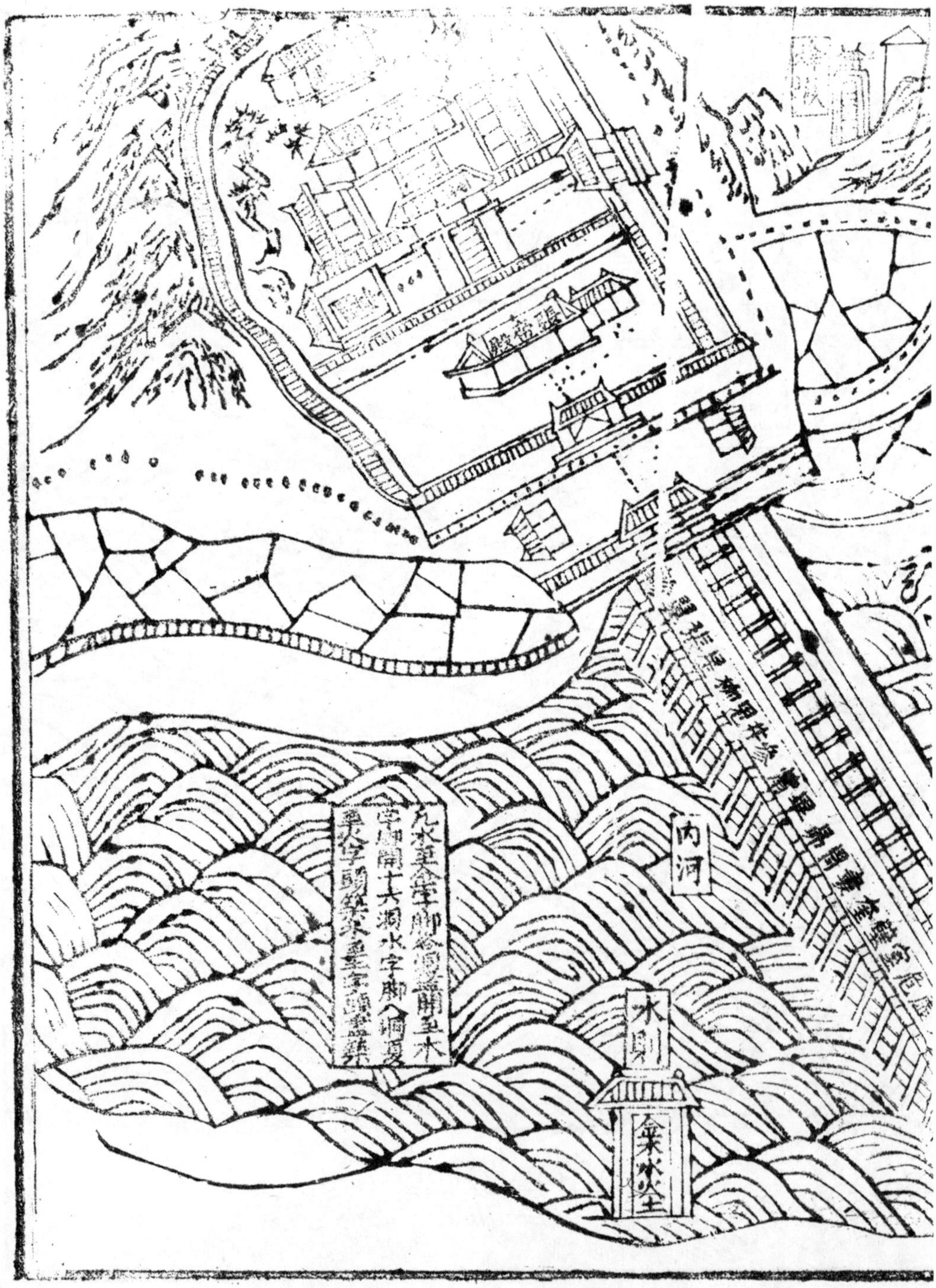
張帝殿
内河
凡水至金字脚各洞盡開至木字脚開十六洞水字脚八洞夏至火字頭築秋至土字頭築
水則
金木水火土

閘圖
三江巡司
海口
三江所
勅封聖殿
張帝殿
關帝殿
水利志二

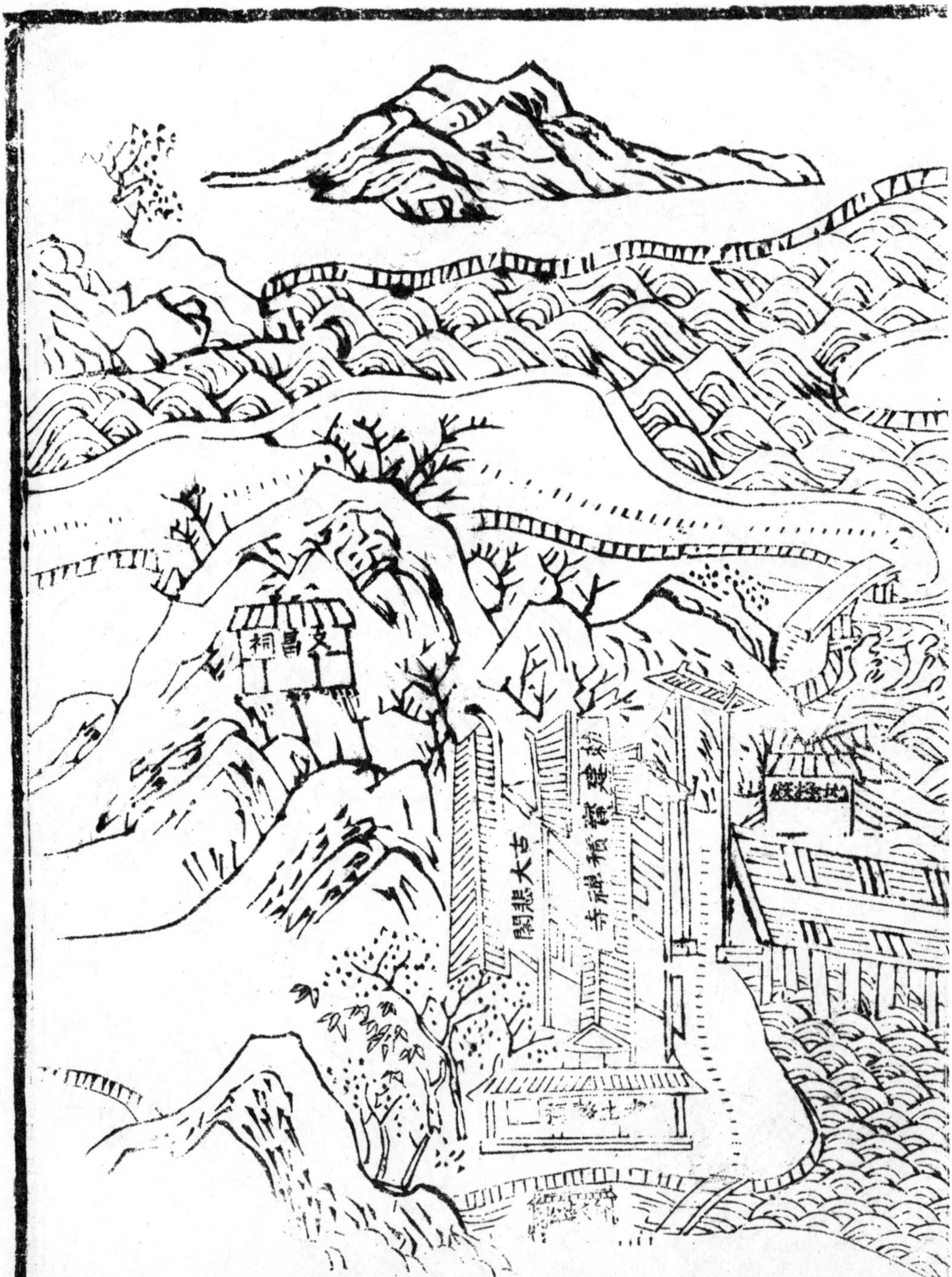
文昌祠
古大悲閣

秦望圖
山川

天柱
稽山門

卧龍山
越望亭
紫翠亭
太衙
清軍廳
火神廟
寶珠橋
紹興府
鎮東閣
府橋
山川
秦望山

城隍廟
軍刑二署
王公池
水利廳
刑廳
府城隍廟
山陰縣
教場

香爐峯圖
山川志 三

越王峥

左馬方岡

荆王

西嶺

真德僑

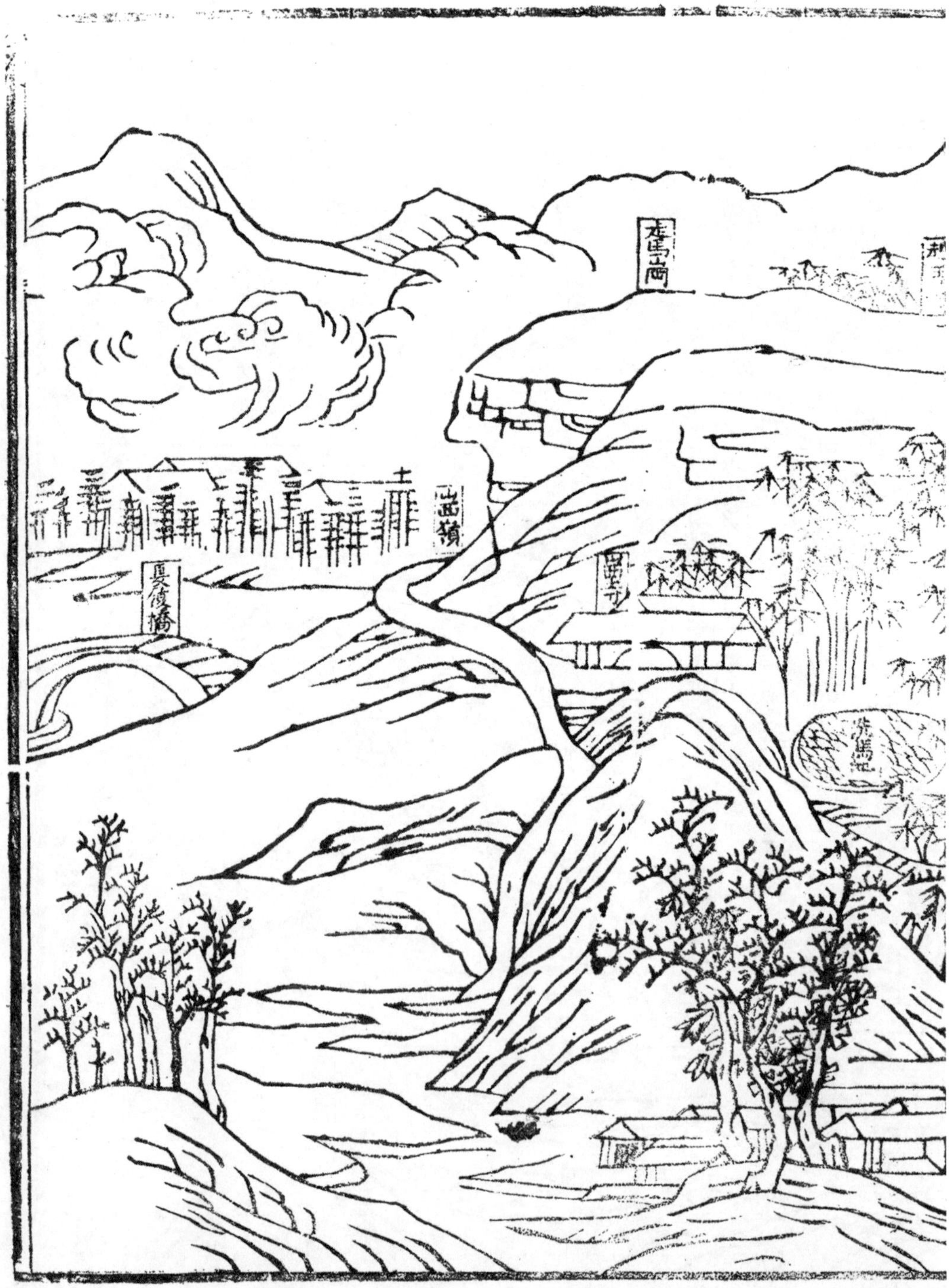

山川志卷下
一

彌陀寺

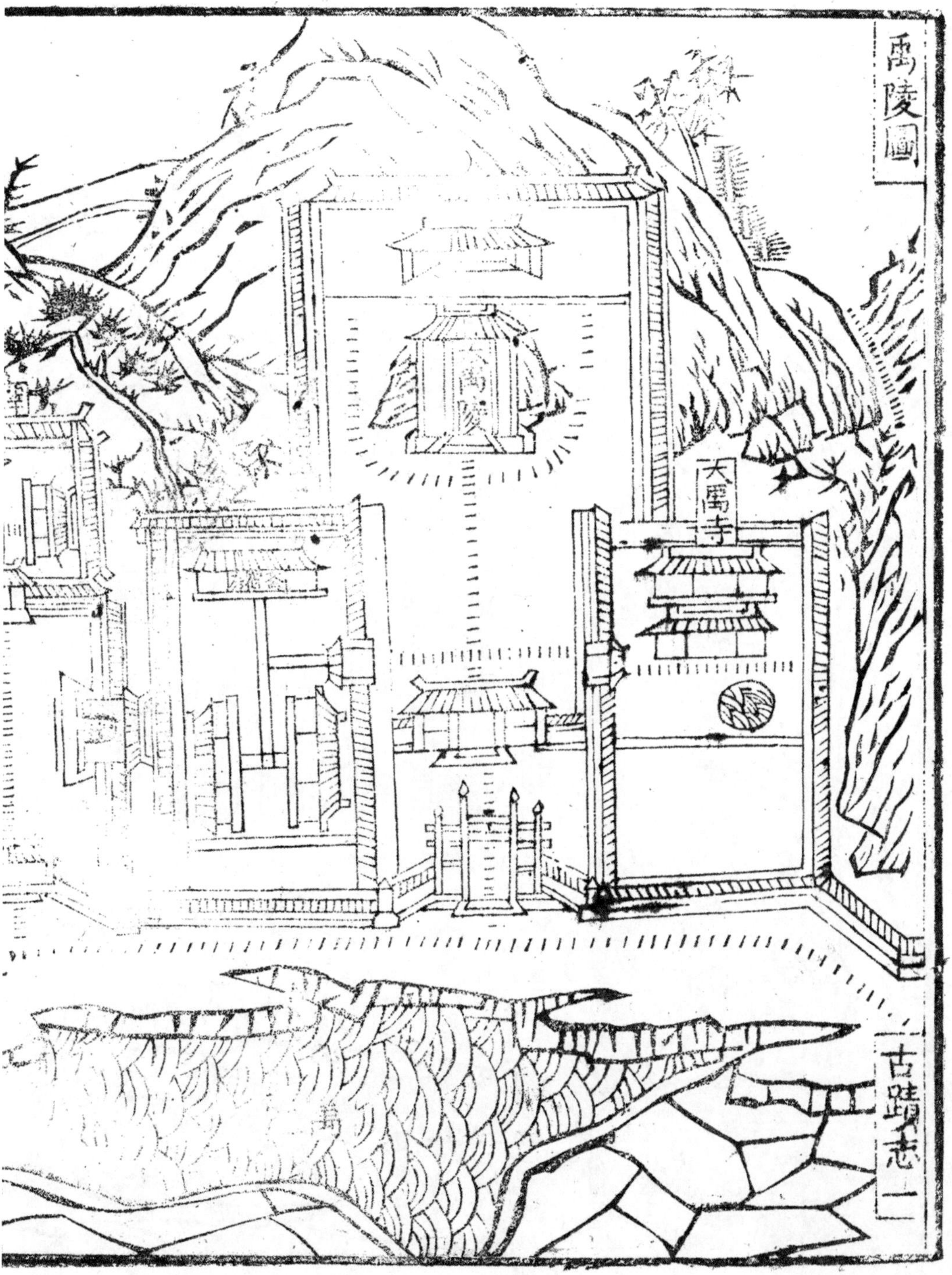
禹陵圖
禹陵
大禹寺
古蹟志　一

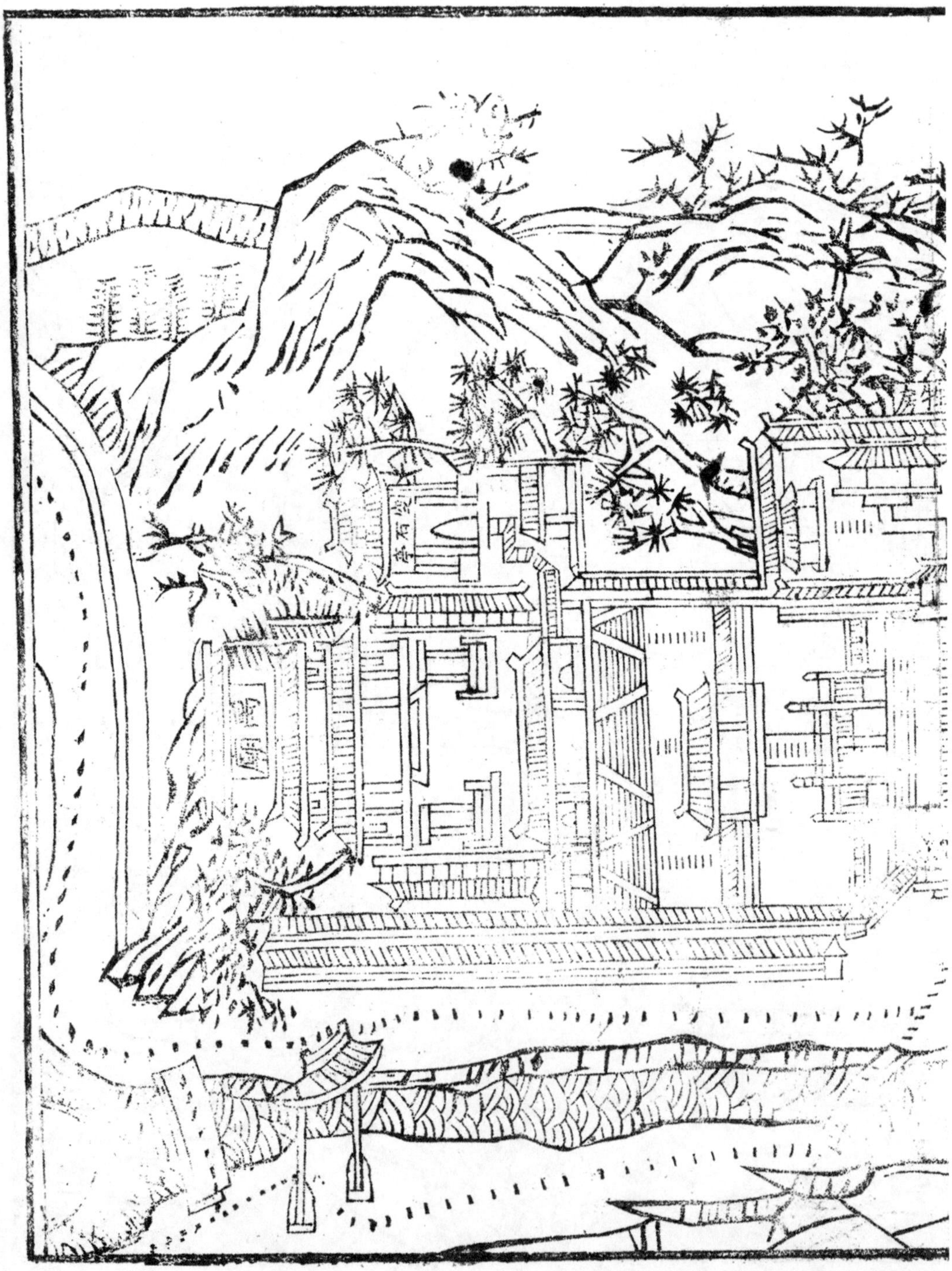

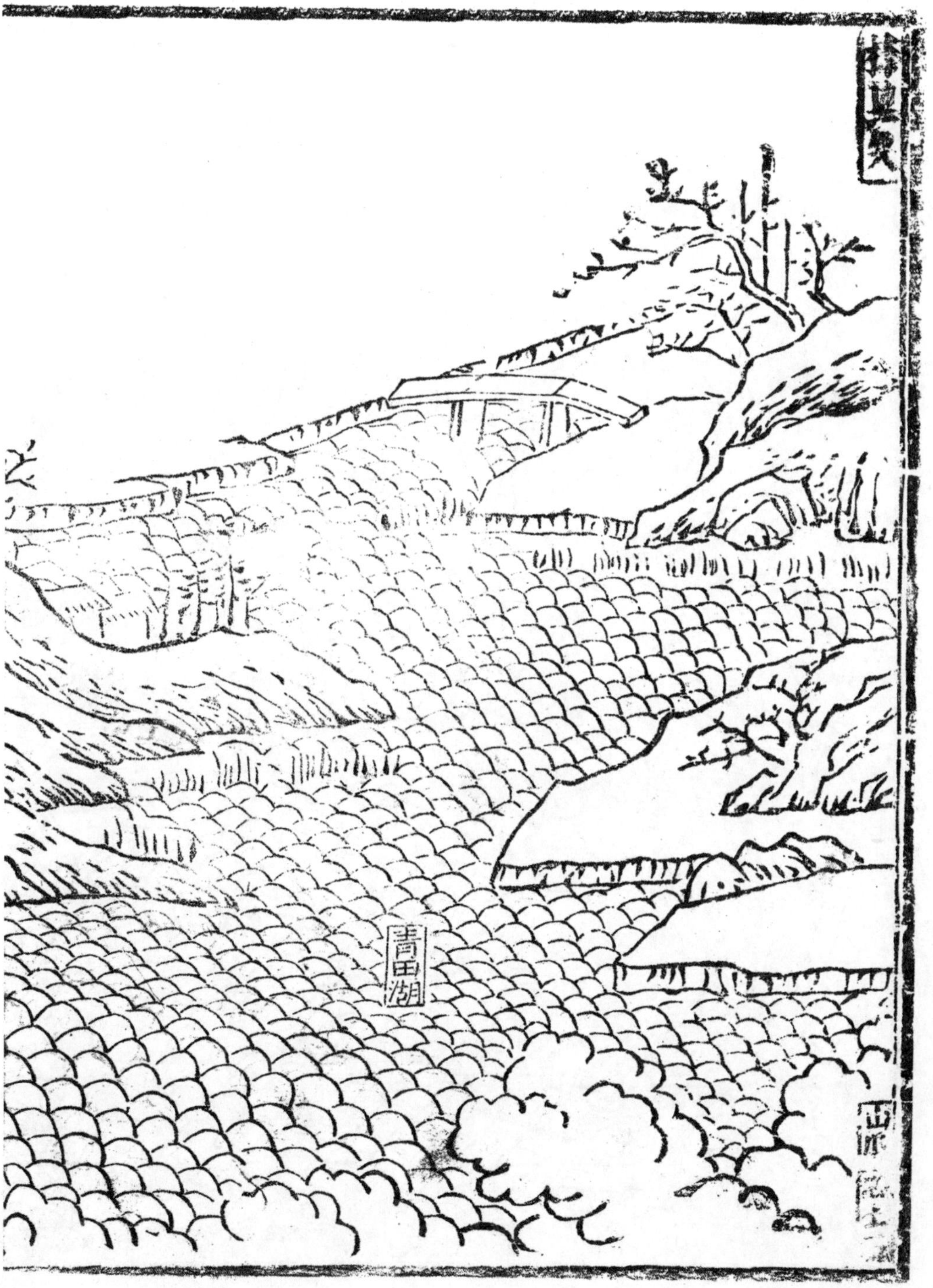
青田湖

楠墅丈人
梅仙塢

鑑湖圖
秦望山
西
鑑湖亭
道士庄
和尚橋
則水牌
西墟斗門
南
白樓閘
白樓堰
中堰
石堰
湖桑堰
蔡家堰
葉家堰
許堰
童家堰
抱姑堰
西小江
北
山川志下

南
東
東山江
天柱山
會稽山
禹陵
方千島
三橋閘
曹娥斗門
曹娥
彭家堰
陶家堰
茅洋堰
石堰
小陵閘
東郭閘
都泗閘
都泗堰

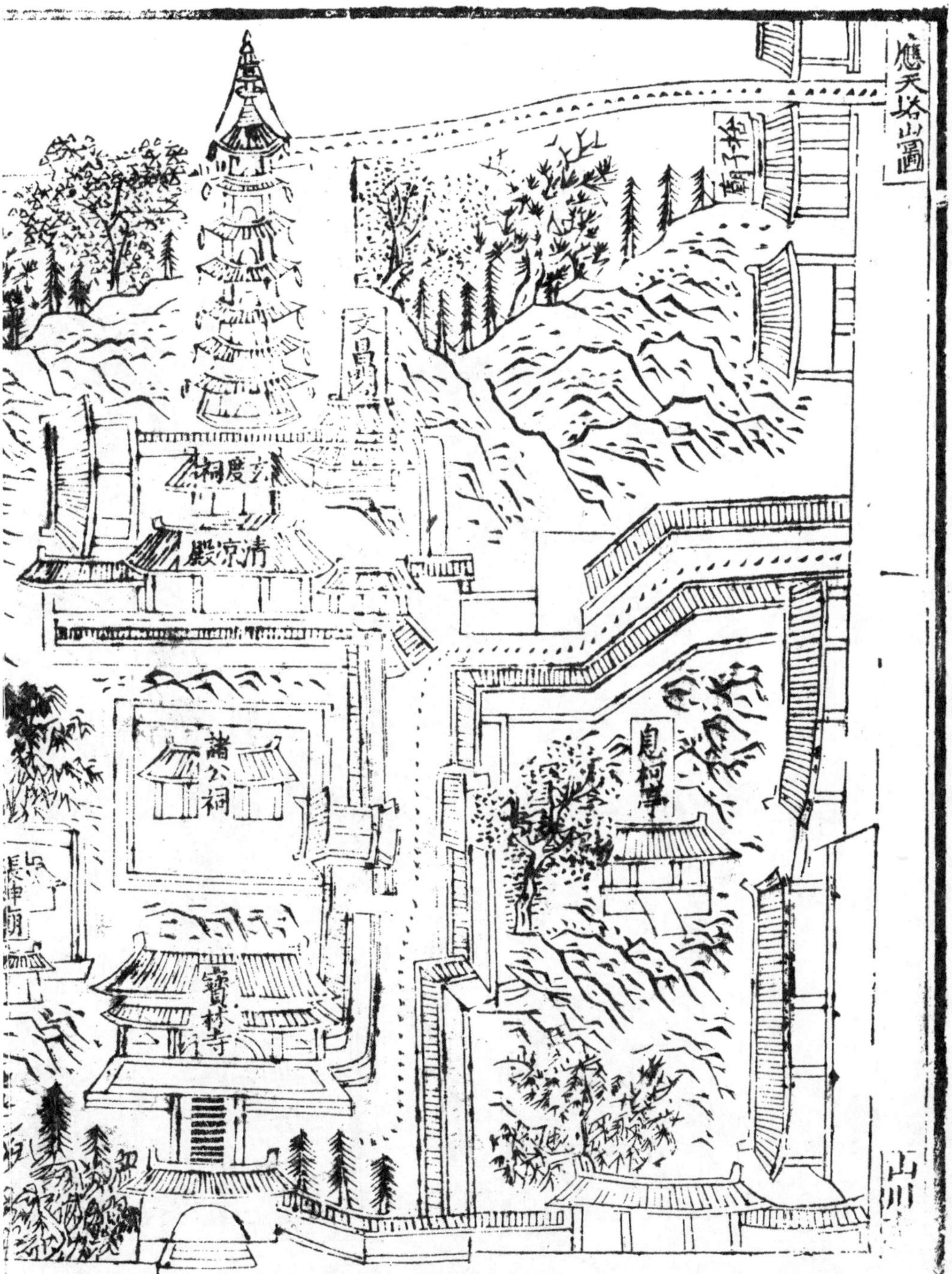
應天塔山圖
文昌閣
玄慶祠
清涼殿
諸公祠
息柯亭
寶林寺
山川

水偏門
經臺
鰻井
大能仁寺
鮑府君廟

塗山圖
塗山
斬將臺

小江

山陰縣志卷第二

城池志

縣城　所城　巡司城　廢城

（補）浙之名城數十然未有若蠡城之最鞏固也自越覇以來屢經改拓非復少伯之舊則蒙業而安賴金湯不淺雖然衆志成城古語不誣又豈專恃地利而已哉

山陰大城者范蠡所築治也自會稽郡治山陰郎爲郡城其羅城隋開皇中越國公楊素所築其子

城則宋皇祐初守刁約所奏築也唐乾寧中錢鏐修羅城宋皇祐中守王逵復加修焉且浚治城壕宣和初劉中顯守越治城禦方寇嘗少縮其西南隅嘉定十三年守吳格修補之而旋復摧圮十六年守汪綱乃按羅城重加繕治并修諸城門西曰迎恩門（俗謂西郭門）西南曰常禧門（俗謂岸偏門水偏門二門相隔一里）南曰植利門（俗謂南堰門）北曰三江門（即今昌安門）其五雲門都泗門稽山門東郭門則皆隷會稽境也溝塹亦同蓋今郡城雖東西分域而山陰實居其大半

焉元至正十三年浙江廉訪僉事篤滿帖木爾增築加廣復隋唐之舊始甃以石增置月城開塹遶之十八年樞密副使呂珍鎮越因禦兵增濬壕塹廣五尺深二丈明嘉靖二十一年秋七月颶風大作城之樓堞半圮知府渭南南大吉采修復之城樓以次落成崇禎癸未年八月金華許都倡亂震鄰郡紳士商議子龍鄉官余煌建議增設月城五座以衛城之五

國朝順治辛丑年部院李□奏請增建城樓每梁頭高六尺四寸廣一丈環中□孔際以於發矢銃

十梁復置砲臺六[illegible]昌安門東界石起至植利門西界止共計長一千八百八十丈二尺二寸梁三千六百一十四個今改造併梁一千六百五十個

三江所城去縣北三十里在浮山之陽明洪武二十年信國公湯和所築踐山背海爲方三里二十步高一丈八尺厚如之水門有四北門則堵焉城樓四敵樓三月城三引河爲池可通舟楫兵馬司廳四窩鋪二十女墻六百五十八墩臺七

三江巡檢司城在龜山之上浮山之北甕與三江所城南北相峙為東海之門亦湯和所築門一西出舊無女墻嘉靖二年海有倭寇始增之方一里二十步高二丈厚一丈八尺窩舖四城樓一女墻三百六十六

白洋巡檢司城去縣北五十八里大海之上有白洋山緣山而城亦湯和所築方一百一十丈高一丈一尺厚一丈城門一譙樓窩舖四女墻一百七十六

廢城凡四勾踐小城按越絕云山陰城周二百二十三步陸門四水門一以今考之在今西南西北二隅之內

苦竹城去縣西南二十九里按越絕云勾踐滅吳還封范蠡子以報其功若云

越王城去縣西南四十七里旌善鄉今地尚以古城名舊經云越王墓在

石城去縣北三十里石城里乾寧二年錢鏐討董昌攻石城即其地也載在吳越史畧

康熙十三年七月十三日土寇數萬圍逼郡城百道堅攻危如纍卵知府許弘勳率山陰縣知縣高登先同鄉紳余縉姜希轍及居民等堅守登陴出奇制勝賊遂遁後群賊復嘯聚山林蔓延數邑往往城門晝閉闔郡驚惶弘勳加意撫綏竭力招徠渠魁脅從盡爲解甲越郡賴以安堵

河南道御史加二級流溪余縉續保越錄序

保越錄者紀唐宋以來節度刺史禦寇靖民之實蹟也續保越錄者紀今紹守許公甲寅年捍孤城殲羣逆討平郡邑諸山越之實蹟也公諱弘勳字元功三韓人由華胄起家郎署出守會稽郡巖郡也復瀕海公下車甫數月適逢閩變一時人情鼎沸公獨鎮靜若平時脩城濬隍

霸干穀胄咸咄嗟立辦而民不知有警既而婺括
之界流潰日衆奸民蜂起愚者率爲所迫遂長驅
犯越時賊窺守將若拉朽內無勁旅外無援師謂
越城可唾手拾耳幸公以文臣任武事措旗優裕
咸有成筭殲諸城下幾盡覆之其黨伏外邑者率
師攻討悉殄根株旬月間遂致清寧公之才固度
越諸賢而誠心愛下廉平之德實有以讋服人心
故勦撫所及咸投戈涕泣罔敢奮螳臂以當者嘗
身詣賊巢止携二三僕從諭以禍福賊既感悟巳
而有誘脅者謀將中變幾以不測加公左右皆洶
懼或勸公微服潛遁公叱之曰吾旣入虎穴寧畏
虎子耶遂酣寢達旦賊皆眙愕不敢動而驚疑發
間道逃去晉纖爲邏卒所獲蓋公已先期設伏賊
雖欲走無一得脫者始相顧駭以爲神撫事乃定
公之經略絶倫特其一耳今公備兵海上鯨鯢絶跡
乃異清晏之風久庇東浙而公竟以內艱兩郡士
民纍纍求留若疾痛之需父母制臺素重公欲勉
留不可得則議暫借以伺新幹而公至性必不可

登蓬力踣終捌越人先勒不以銘之矣猶謂人
有時不能匪惟誌之郡乘庶俾後之君子瀏覽而有
所取法焉爰不揣固陋述數語以繼吉録云
郡紳士公紀康熙甲寅歲春滇黔告變閩粵效尤
浙之三衢首當警突既而騷於甌亂流及日熾遂
漫於越屬之暨嵊新三邑奸民互相煽訌七月初
旬連陷諸邑賊即窺伺郡城十二日賊至古博嶺
官軍以衆寡不敵引次班竹菴十三日辰時戰于
菴測官軍復小敗賊乘勝攻常禧門蝟集如蝟郡
守許公慷慨登陴諭民兵擊卻之日晡賊復從城
南諸山之後涉溪呼譟動地撼東南隅守具甚薄
乘城者咸欲棄城公不動至壁巨砲擊之中
賊皆糜碎賊魚貫攀堞以登公命善射者于睥睨
隙伺之多應弦而斃由是賊勢漸沮自晨達暮又
自昏達曙賊百道進攻公隨機策應殺傷萬計
其肉搏先登爲巨石擊壓者不與焉秋明賊飢甚
食村落食已復擊呼譟刃鋒日甚壯力者盡
王公令兵民休番就食以待之賊終日攻擾不息

海寇又自遠豐山渡河攻五雲門公諭賊驕且惰可以出戰于是部署士馬潛啓莞鑰約以砲聲爲號突出截殺賊力輕官軍嬰城自守多拋戈甲裸而揮刃者有踞門嘲笑者門啓衆馳出疾擊斬獲數百級溺河死者不可勝數餘賊奔還稽山畔觀者踴躍勇氣百倍是夕賊雖作飛橋運攻具而氣已盡奪矣比明寧郡援師始至入自西門飯于演武場賊尚未知也飯畢公令督帶稽門出師襲殺賊敗奔牛角灣再奔鵝屋殺溺死者千算生擒數十人又追至柯山橋賊欲扼橋以拒我師乘勝追之又追至亭山賊猶據高圖闖已而會城兵大至賊遂驚潰蓋公已先期請濟師夾擊也是役也斬獲以千百計賊膽已墜然詢諸所獲賊諜則云昨指者尤在稽山之巨砲五雲之襲擊云先是郡兵六百餘人奉臺檄調援三衢營伍遂虛比賊附城城中兵不滿百樓櫓粗具士無固志公單騎呼于市市人持鋤梃從之者頃刻萬計咸曰我公呼我可不殫力殺賊以報乃德乎由是垣墉遂無嘩也

盖前此臺符屢下趣郡集民城守公曰小民各有生計無事而錮之城守是坐困也兼令有急呼之可耳民懷公德故一呼罔不應者又公知城内賊細甚繁附城之久必舉火爲内應下令凡衢巷俱家懸燈炬固守柵欄賊知有備終不敢發盖内應絶而外寇之勢自孤矣又稽山一門素稱僻陋稍不戒全城爇沸矣公納紳士議秉炬築之併撤眷波橋以遏其衝已而賊果犯門熾薪爇火終不能尅盖先事綢繆之力也至于擐甲登陴白當矢石目不交睫者三晝夜奮門出戰殲縛渠魁公之胆智絶人令聞風者罔不歎服也嗣此嘗深入大嵐巨寇驚遁入海又嘗勦撫剡寇援師憤其貪固欲盡屠之公力主招徠保全者億萬户迄今言及咸感泣而公歷時已踰八載未嘗自述其蹟故日月姓名多不可詳考其度量深厚又如此

一文學余泰徵紀畧康熙甲寅季春閩寇陸梁姑蔑栝蒼之區萑苻竊發波及越郡而揭竿嘯聚鳥合蟻屯者數萬衆直逼城闉是時司屬捍衛兵不滿百民何

恃以無恐郡守許公躬擐甲胄登陴固守涖諭士
民咸荷鋤持械保障孤城目不交睫衣不解帶殆
三晝夜公時出奇策冒陣衝鬭斬馘執俘復絕城
請救以致禁旅雲集攻擊追勦遂平群賊則是公
全數百萬之黎民安數百里之境土秋毫無犯露
布奏捷功莫偉焉親王叙其勞績　天子鑒其忠
勤乙卯歲陞任巡憲駐節四明涖任五載正己率
屬愛民如子平糶賑飢取贖難婦興學校而多士
景從戢營伍而悍兵歛跡海濱綿亘烽堠時警乃
爲之設防守禦整飭汛地勦撫兼施恩威互用偉
績鴻猷載勒彝鼎若夫移佐上游控扼越水則參
贊軍務安插歸降督造戰艦採購桅艌誠浙東之
柱礎而兩郡之干城也制臺鄭園李公大中丞司
真陳公謂三浙監司循良卓異無出公右庚申丁
內艱百姓如失怙恃攀轅臥留咸欲奪情久任綏
靖海隅而公篤于孝思遂循例守制惟架牙籤之
萬軸竭力殫心朝夕考究而已服闋癸亥補福建
延平邵副使竊思公之事業在封疆恩澤在民社

再造我邦危而復安凡束帶垂紳之士疇不沐其
恩膏含齒戴髮之倫孰敢忘夫覆載今者棨戟捺
城屏藩闔土愈不能忘折衝樽俎之謀與經文緯
武之畧云　文學陳有械詩　欃槍一夜耀蠡城禍
難如何勢未平力挽孤軍天地震恩周萬姓鬼神
驚夕陽忽見荒烟斷皓月止聞刁斗聲幸遇愛民
賢太守稽山佳木自葱菁　文學余應雲詩　遠看
廬舍盡凄然此日棲遲似學禪鳥語驚聞秋夜月
馬嘶畏見夕陽天間花無語羞爭艷冷月多情嘆
獨妍保障孤城功莫並流離赤子幸垂憐

山陰縣志　卷二　七

鑑湖圖

秦望山
鑑湖亭
道士庄
和尚橋
鑑湖舖
則水牌
南
中堰
白樓閘
白樓堰
中堰
石堰
廣陵斗門
湖桑堰
沉釀堰
新逕斗門
許堰
童家堰
葉家堰
西墟斗門
西
西小江
北

天柱山
南鎮
會稽山
禹陵
蒿尖
東
方千島
三橋閘
曹娥斗門
曹娥廟
彭家堰
王家堰
陶家堰
茅洋堰
正平堰
樊江堰
石堰
都泗閘

柯橋圖

融光寺

大
海防圖
三江閘
城
斗門
黃山
山川志下
府城

海

党山巡塞

烏岩巡塞

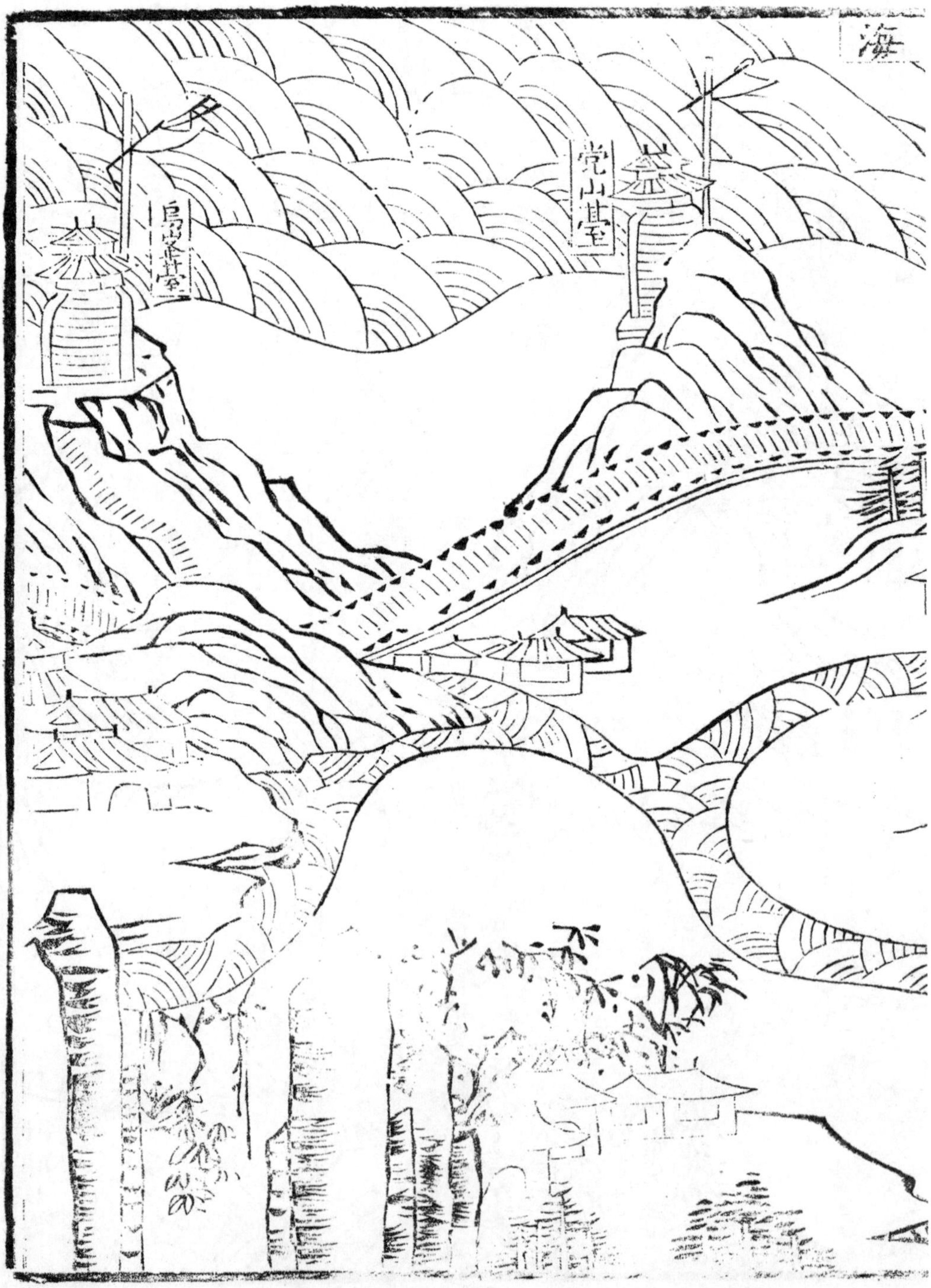

山陰縣志卷第三

署廨志

縣署　行署　衛　所　雜署　廢署

經制詳於職司公署者職司之守也王者之建置莫先焉畧府衛而詳于縣署者志為縣而作也古不可稽則闕之廢而未久尚有遺跡者錄焉亦以備考云爾

縣署

縣舊治在府治南承天橋東寶林山麓去府治約

五里許其創建無可攷已元泰定二年始遷于今治云去府治僅一里即宋上下省馬院故址也負臥龍山脊而柰望帶鑑湖玉架天柱諸峯環峙左右形勝雄偉邑之風氣實鍾焉中爲正廳三間左爲幕廳右爲庫各一間幕廳左爲册庫三間正廳南甬道中爲戒石亭東西廂各爲吏廊總一十八間戒石亭之南爲儀門五間門之外東南上爲土地堂三間爲賓賢館三間西上爲攢造所今廢東下爲鹽倉三間西下爲獄門三間官廳三間囚房九間直南爲大門門之外東南爲旌

善亭三間亭列善惡人名跡遵聖製奉臺檄示勸戒也西爲申明亭三間亭懸律令及諸榜文例設耆老值日亭之南側各有榜廊五間今廢大門正南爲屏墻東西廣九丈二尺正廳後爲冰檗堂一間堂之東爲退思軒三間西爲洗心軒三間今俱廢軒前有路紆徐數轉達光化亭三間亭據山岡面稍東南平曠高敞四望諸山益拱列而奇絕山之半有小亭曰仰止中有光化亭碑記光化亭之東西有耳房各三間嘉靖十年知縣濠梁劉昺號望岑所刱也其經始意在所撰記中〔光化亭記〕劉子宰山陰之二年治光化亭於卧龍山之麓卧龍爲縣治祖

山茲亭又山之最後高處也客有過予者曰君子之興事也有利于實則爲之有病于名則已之吾聞子燕居其地甚隘且陋而弗辟也而顧爲斯亭于居非大益也且以滋累意者有他説乎劉子輾然笑曰有是哉子或未究其趣爾昔者先王疆理萬國也布其官師限其封畛列其庭陛優其棲息諸所備矣然而必有臺榭之崇池沼之觀此其故豈以導靡麗而賞佚豫哉蓋有見矣夫凡人之心統乎事神舍乎心心爽則神清心鬱則神滯心蕩則神散心靜則神寧先王欲攝人心以周天下之理必使其神清而弗蕩凝而弗鬱夫然後心有官矣心官而事敘民佚而化熙天下之治孰大于此是故堂宇既飭而臺沼弗廢焉斯先王周物之要務也吾邑號古今名勝而縣治顧卑埆無崇高曠遠之觀其私廨則又偪亥而鮮暢達吾故治亭以臨之當夫政務蕤委心神靡倦之後曳屣而一登焉即一邑之山水無不在我目中也南瞻秦望嘉始皇之餘威俯臨故城嘉勾踐之苦節迴覽鑑湖

想馬公之遺澤左顧蓬萊慕龜齡之美政既而瞭
視閭井烟火萬家則又曰不有日出而未變者乎
又惕然感矣迨夫烟銷日明風清嵐息縱觀曠宇
萬有呈祥則天台截嶪而當前巨海渺茫而極目
又使人飄然有塵外之想寧復知簿書之擾慮哉
然吾又思夫積歛而偶散者天之理也久執而蹔
紓者人之紀也吾擇其與變者以棲息時其來脫
者以登眺則吾居可以弗辟而吾亭可但已乎詩
曰噲噲其正噦噦其冥內外別也又曰經始靈臺
經之營之勞佚節也客喜曰一紀一綱治而永昌
一弛一張化乃大光斯亭也謂之光化可也亭址
在令尹廨後予乃捨前廳事之西治道紓徐數轉
乃達于亭以通賓客之往來且冀吾僚好之得同
此樂耳山之半為一小亭曰知止觀覽之勝視上
又小異焉備山川之變幻也亭始于今春三月之
廿一日落成于六月之十日袤六丈深三丈有奇
為楹三外為迴廊冬夏之變暄涼異氣制圖以垂
諸永久後之君子不以予為有罪益求所以嗣而

新之末或無益于治也已

亭之南下當卧龍之麓爲知縣廨廨之前逼治廳左有門一間中有廳三間後有寢室二十五間傍有耳房六間寢室之東舊故有樓三間知縣方廷璽所鄙其居址甚偏隘卑窪多不利於居者嘉靖二十年知縣許東望移置于寢室之前廳事之後名其樓曰宜中而撰爲記記曰山陰治之後有山名曰卧龍其形盤屈蜿蜒約高數丈周廻數里首乎震而尾應乎離動而明之象也於易卦爲噬嗑蓋噬嗑者所以齧合者罰布法行治之義也是故春秋越王居之得其癸日秦罷國爲郡漢以來遂相沿襲罔易而其則據龍之腹山陰者屬附邑也舊隸郡治其乙泰定中則移于是龍之尾與郡東西

秩然越之形勝俱握其要矣予自庚子歲覲篆于
兹因而繹之曰卧龍建置之由其無乃有取爾也
耶前侯劉望岑復構亭以臨之名曰光化山之勝
益備矣公事之餘或攜寮寀以觀風或同朋儕而
燕樂眞有若攀龍鱗而入青雲之上俯瞰於越白
水翠巖青林綠野縈帶村市若鏡若圖快人心目
有不知塵懷爲之脱落者偶一夕乃夢一異翁皓
首蒼顏長髯羽服來揖于予曰君知登眺之樂而
知燕寢之眞乎夫君北人也兹土溼下且其居儉
陋湫隘風雨震淩殆將就圮恐于君罔利可易舊
以逆天和予應之曰功不十不可以興事利不百
不可以圖新剏土木靡費非予守土者所宜翁乃
不言而去未幾予果罹一奇疾越醫莫辨浹數旬
始自安其言驗矣因感悟卜遷相地得此山之側
畔中外方圓左右如翼蒼松茂木掩映于層巖峻
石之表復感悟曰昔翁之教意者其有在于兹乎
遂鳩羣工誅茅削土畧址度材撤毁其舊而移構
焉中爲寢室傍爲羣房又其前爲樓閣上下貫絡

且軒豁爽塏可觀無非緣舊爲新未嘗有所勞費自壬寅正月創始二月終竣事匪曰崇美觀以恣已私將以休息勞勤于政餘云爾於時縣丞劉子試主簿楊子世昌典史林子公輔謂予曰古人所以節安其居而慎改作者重勞費也今規制頓異于昔而財不費人不勞節省之大無踰此奚容于無記因勒諸石記之

縣廨南出治廳東轉一百一十步爲縣丞廨

縣丞廨頭門一間正廳三間寢室九間由治廳西折而北一百一十五步舊爲主簿廨

典史廨頭門一間正廳三間寢室九間規制與丞廨相當而地近光化亭簿廨南爲西吏舍[illegible]

舍

縣之屬署有儒學規制詳載學校志東南至東北官河深七十四丈五尺西南至西北官河深七十五丈六尺[illegible]南至西南官衙廣二十六丈四尺東北至西北深河廣二十六丈六尺櫺星門外街南空地東至西廣二十六丈四尺南至北深一十二丈東訓導衙東西廣八丈四尺南北深二十七丈東南墻外空地東南廣七丈五尺南北深八丈總貳拾叁畝壹釐

署

察院在縣治東北二里本射圃基嘉靖十九年御史王紳檄知縣許東望建週廻深廣四下五百二

十七丈總壹拾捌畝捌分陸釐至今稱爲新司侍郎
劉棟撰記按越城舊圖志自府治開立并新屬官
司外止建滌臬二分司若察院則居無定止成庚
子冬大巡對川王公臨越清勤嚴肅守正不阿蘄
風之餘商諸守巡二司曰紹興古名郡山川人才
瓌瑋磊落不及言察院風紀之所不負厥居何以
肅貞百度意欲相度隙地別而新之可乎二司曰
聞有空閑射圃可新之矣誰任其事曰郡守北川
覲山陰令可也財奚取視其羨贏而已矣力奚征
惡其丁多而已矣議畢遂召令諭之曰汝之有猷
有爲我重汝矣而今勞汝乃守巡意也非爲安逸
我也我將按他郡矣嗣是來者豈不念汝重汝而
誑歎誰怨耶檄下某財取羨贏若干某丁征空餘
若干典工在勤工完則繳毋過爲煩困縣令欣
得諭父老及百執事曰凡官府造作古人[illegible]
興新建察院財用非敢累爾等若不[illegible]
衆者不能不勤爾等精力其父老其[illegible]

戒勿負吾托如或以我爲壽爵苦辭非知我者
吏老唯唯而退越明年辛丑二月擇日肇工八月
止于是申請郡伯暨諸郡佐曰新創既成盍往
平郡伯不敢專遂命工繪圖凡門堂寢室內外
內之有殺賓從隸僕由貴至賤之有待自旦及
夕聽斷咨諏游觀逸豫俱適所欲有激揚振肅坊
清心正眼明堂曰大中至正曰正已格物曰
中曰絜矩又曰思補皆退休軒也各匾以寓深
意此又對川公之所親題者計門堂凡五層計廊
廡凡二十楹顏匾計十所規模壯固巍然翬翼
既成仍申告察院守巡察院守巡皆口財力府
所輸吾何與焉但俾永勿傾圮可也察院既慰
之守巡復贊嘉之令之勞庶乎少酬矣然又懼
未不悉故來諶記嗚呼天下事慮非能成既成
慮專擅之戒令創造何事財用什百非細也祇承
上命就于一旦卓乎幹局過人遠矣何專擅之慮
哉郡伯玉泉張公明道有而不居謙也少參石山
莊公一俊憲僉一崖劉公望之知令尹可任而任

之明也對川王公紳因二司之言確乎不疑獨斷之勇也勇以行之明以獨之謙以承之一事而衆美具矧又有大于此者皆足以觀人也郡佐葉公誠齋金安公膠峯如山周公仰峯鳳岐會稽丞吳公希孟以臺諫落職今爲廣信郡守殆一時協濟非偶然者不容不記山陰令者何許公東望山東東郡人也聲望蔚然故獨殿于末

布政分司即守道衙門在縣東南一里初本紹興衛軍器局洪武二十三年指揮使趙忠遷局於會稽福果寺址正統六年知府羅以禮始建分司東西廣貳拾貳丈壹尺南北深伍拾貳丈捌尺皇[illegible]畝柒分

□康熙六年裁缺稱爲南司以備行臺康熙八年□

爲協鎮公署

按察分司在縣治東北一里許即宋浙東提刑司

故址頭門向東儀門向南東西廣貳拾玖丈玖尺

南北深叁拾叁丈陸尺總壹拾壹畝陸分陸釐驅

後有火珠山山上有稽山堂又作烏臺三間總貳

畝伍分伍釐稱爲北司明末廢而不脩康熙九年

因安插海上投誠人造營房百餘間

兩浙都轉鹽運分司在縣治東一里元大德二年

建卽宋錄事司故址永樂間毀廢嘉靖二十一年運副林堂重建東西廣叁拾伍丈肆尺南北深叁拾壹丈壹尺總壹拾畝

衞所

衞署在縣治東詳見府志中

三江所去縣東北三十七里東西廣壹拾玖丈捌尺南北深肆拾陸丈貳尺總肆畝叁分

演武教場在縣南常禧門內詳載武備志

左營都司署舊無經制暫借張宦空房安插叅奉

都撫二院批房屋給還原主該擬巡道司對劉

雜署

三江巡檢司去縣東北四十里三江城北東西廣壹百伍拾陸丈南北深陸拾丈總貳拾柒畝貳釐

白洋巡檢司去縣西北五十里東西廣伍拾壹丈陸尺南北深柒拾捌丈總壹拾壹畝陸分伍釐今已改設柯橋

司獄司在縣東北半里許東貳拾柒丈肆尺西廣貳拾陸丈肆尺南北深貳拾柒丈陸尺總捌畝柒分

道光年間抉裁廢

錢清塲在縣西北六十里卽興善寺基深廣總柒畝肆分有奇場東數拾步爲鹽倉深廣捌畝陸分有奇

三江塲在縣東北三十里因宋元之舊深廣總叁畝捌分伍釐塲東數步爲鹽倉深廣壹拾貳畝壹分柒釐

批驗所舊在府西北六十里正統間郡守羅以禮遷於縣西六十里錢清鎭弘治間遷於白鷺塘深廣總陸畝壹分貳釐

望鹽廳深廣伍分貳釐官山一所計伍畝
僧綱司在大能仁寺內東西廣貳拾肆丈陸尺南北深壹拾叁丈貳尺總叁畝柒分伍釐嘉靖末年寺毀改爲椮木園僧綱司亦廢無常所今寺雖復而司之舊址未復
道紀司無常所
陰陽學醫學並在紫金坊內嘉靖二十二年知府張明道重建南北廣陸丈叁尺東西深玖丈陸尺總壹畝肆分

預備倉舊志云在縣東北二里卽泰積庫故址東西廣壹拾貳丈捌尺南北深叁拾丈總計肆畝肆分今倉在妙明寺之東或卽舊時便民倉

蓬萊驛在縣西北五里迎恩門外東西廣壹百壹丈肆尺南北深貳拾玖丈肆尺總叁畝捌分捌釐自明末頹塌至今不脩

養濟院在縣西北三里錦鱗橋西卽宋浙東貢院故址東西廣肆拾捌丈陸尺南北深肆拾捌丈陸尺總貳拾柒畝叁分叁釐屋壹百肆拾間門叁座

误订

令門埜不全

廢署

主簿廨今裁缺廨廢

稅課司在縣東北一里許東西廣貳拾貳丈捌尺南北深陸丈陸尺總壹畝柒分肆釐今廢

漓渚稅課局明初局設于漓渚去縣四十里地僻稅少後裁革

三江倉在縣東北三十七里三江城內東西廣壹拾玖丈南北深貳拾柒丈總柒畝壹分今廢其倉

米歸併預備倉

便民倉舊在迎恩門內成化三年知府吉惠遷于大有倉南分妙明寺址爲之東西廣二十五丈二尺南北深七十一丈七尺總貳拾壹畝玖分今無

便民倉名目

社倉共六所宋時所建一在梅山一在柯橋一在南池一在迎恩一在稽山一在琶山久廢康熙九年歲歉惟琶山社倉有里人朱家輔等捐穀勸行縣令高登先贊成之今復

少第九第十误在卷首

義倉四所東一在縣東三十里石涇村西一在縣西北四十里亭滬村南在縣西十五里中堰村北在縣西北三十里朱咸村今廢

大有倉在縣治東北二里大善寺前週廻深廣壹千貳百肆拾陸丈總肆拾畝玖釐倉廒官房總貳拾玖間今廢

如坻倉在縣治北二里新司之東週廻深廣壹千壹百壹拾伍丈總肆拾貳畝叁分肆釐倉廒官房總叁拾陸間康熙二年以新司駐劄提督倉署遂廢

織染局在縣治東北三里許江橋北東西廣貳拾肆丈貳尺南北深伍拾壹丈壹尺總拾畝叁分今廢

夯張局在紫金坊東西廣捌丈貳尺南北深壹拾陸丈叁尺今廢

市舶司在縣治西三十步東西廣捌丈玖尺南北深肆拾伍丈貳尺總肆畝陸分因廢久明萬曆年間府縣申列撫按題請改爲理學名臣張文恭祠

蓬萊館在縣治東北一里東西廣拾丈貳尺南北

深伍拾肆丈壹尺總肆畝肆分今廢

兩訓導廨今缺裁廨廢

署廨志終

山陰縣志

卷三

一二

山陰縣志卷第四

山川志上

形勝　山　塢　洞　溪　澗

渚

山川肇域形勝著焉標而顯之所以紀雄秀述靈奇也縣鉅至繁凡可得而名者宜詳爲櫛沒因于川故附志之

補天下佳山水多矣山陰巖壑昔稱競秀爭流蓋實鬱佳氣於東南也其形勝視太行孟門之險金

城天險之固雖自有闗而地足以守人自爲衞向者海傍迫寇之變誠有明驗矣故勾踐用之而霸後世有得恃之以安若沈瓔積蒼波之勝詞人墨客之作兹不勝書姑誌其槪

形勝

越之形勝冠于南服而山陰又其形勝之會也古昔名士盍樂遊而侈談之司馬氏東渡嘗議作都于兹矣元帝以爲今之關中而江左諸公比之杜之間其險要豐腴稱爲東南一大郡今

哉繼覽四郊秦望屹其南滄海環其北峯嶂緯列於左右而澄江巨湖經流於其中膏壤沃土民物廣饒天下蕃鮮儷焉晉人有言行山陰道上每令人應接不暇秋冬之際尤難爲懷王獻之即其名狀勝遊珍觀秦觀倡和集序殆可想也若乃千巖競秀萬壑爭流顧凱之傳虎臥龜蹲龍盤鳳廻舒爲屏障峙爲樓臺王十朋風俗賦白水翠巖互相映發縈帶郊郭若鏡若圖輿地志諸所稱述山川之大觀畧備矣

山

卧龍山在縣治後盤旋回抱形如卧龍故名越大夫文種葬于此故又名種山山之名勝别有古蹟記宋王十朋詩決策平吳霸業成青山長占大夫名子胥忠義無生死怨氣隨潮刊越城元施鈞詩山匣不湖玉鏡臺四圍晴景翠屏開雲移滄海龍猶卧月滿中天鳳不來種墓陰陰空蔓草晉碑寂寂自莓苔東風不減千年恨燕子南飛鴈北回

火珠山在卧龍之東與卧龍之首相對其狀似龍頷之珠故名上有稽山堂西有識舟亭今廢

蛾眉山在卧龍山之左火珠山之東南山高丈餘闊三尺長數十丈南至軒亭北至香櫞衕望之如

蛾眉一彎横黛拖青渾身空翠故名蛾眉今蛾眉庵下有石隱起僅二尺八許之蛾眉山者非是

塔山在卧龍山之南下有寶林寺上有應天塔故名昔人云范蠡城成有山自瑯琊東武海中飛來故又名飛來山又名怪山按水經注云越王無疆爲楚所伐去瑯琊還浙東武人隨之至安插山下因傳山自東武飛來又山似龜形舊名龜山（唐方干詩）邃巖喬木夏生寒牀下雲溪枕上看臺殿漸多山更重即今飛去却應難（元泰不華詩）龜山峙平陸翠色凌清虛當其飛來時想自天地初（李孝光詩）山似瑯琊小地將秦望雄越王歌舞處今作梵王

宮

陽堂山在臥龍之南三里許郡城跨其脊上一名鮑郎山東漢鮑蓋生於此後死爲神故名山北百步有鮑府君祠至今猶存

蕺山在臥龍東北三里許山多產蕺蔓生莖紫葉青其味苦越王勾踐嘗采食之故名宋王十朋詩十九年間膽厭嘗盤羞野菜味含香春風又長新芽甲好擷青青薦越王晉王羲之宅在其上又曰王家山今西有右軍祠後爲戒珠寺故又名戒珠山迺上六山皆在縣治內蓋越城八山中

藏而山陰有其六焉

亭山去城南十里晉司空何無忌爲郡置亭其上故名或云山形獨立如亭以此得名明初越國公胡大海攻城嘗駐兵馬西有埜翁蛻巖

侯山去縣南九里舊經云侯山迥在湖中晉孔愉少棲於此後官車騎封侯論者以愉致侯之兆故名又名小隱山

秦望山去縣南三十里爲越衆山之祖東西兩派皆自南迤邐而止於東北爲郡城水口其東南隷

會稽西北隸山陰秦始皇嘗登以望東海封其松爲大夫故名上有李斯篆碑今亡〔唐〕薛據詩南登秦望山目極大海空朝陽半暘谷晃朗天際紅溪谷爭噴薄江湖茀交通而多漁商客不悟歲月窮振緡近早潮弭棹候遠風于本萍泛者乘流任西東范蠡天際帆棲泊何時同將尋會稽跡從此訪任公〔宋〕王十朋詩瞻彼秦望崇于會稽曷云其崇登焉而柴孰登是山西方之人兮瞻彼秦望輕于會稽曷崇而輕名之以嬴孰名是山東方之人兮我登稽山思禹之績吾儕不魚繄帝之力我瞻秦望哀秦之過虐彼黔首其誰之禍禹舊而遊夏民以休有翼其行稷高是謀政輒西狩嬴隨以什孰稔其惡斯高左右孤竹兄弟殍于首陽山與其人嘉名孔彰黷辱以愚泉污以盜物之不幸名惡而暴浙濤如鑱鑑流如紳濯彼崔嵬勿汙以秦〔明〕吳中詩秦望之山秀且雄千巖萬壑環西東奇峯影落鏡湖水碧波

蕩漾金芙蓉秦皇曾此駐游蹤拔汎海樓船竟不還
伯圖已卜千年世何須更覓三神山宜然不鑒燕
昭儆後心力感神仙說貽靈已見迹西郊萬里東
郊猶未歇黄旗翠蓋蔽林丘玉輦還爲幾日留
寫貝闕渺何許一片蒼烟連蜃樓古臺千年迹如
掃元氣靈長山自好匪懸石瑠聲喧壓徑合松陰
晝冥窅揭來爲覓先秦文悲歌不洗驪山竟斷碑
剝落已無王回首丹崖空白雲〔徐渭詩〕素情欣晏
遊碩人事永矢上此萬仞山復沿北溪水顧瞻江
海流神去蒼茫裡後峯千里來旁嶂兩川起往昔
窟中翠泠蓋冥上視佳哉是觀游吾鄉亦信美〔郡
守湛珠遊秦望詩〕百丈層霄手可捫便乘錫杖覓
天孫壯遊敢附小司馬謝事能如老巨源磬定僧
閑歸野鶴烟消林杪見雲門歲闌更覺民風好滿
道清歌〔葛昊吉〕

望秦山　與秦望山相接稍北秦始皇與羣臣登之

以望秦中故名一名卓筆峯又名天柱峯明陸相詩登越山望秦關長安不見雲漫漫凌空安得生羽翰一日沙丘祖龍死轀輬空載鮑魚還

鵞鼻山去縣南三十里與秦望相聯絡跨山會諸暨二界其山險絕上有石如臺有秦始皇刻石頌德文皆剝落不可識晉王彪詩隆山嵳峩崇巒嶕嶢傍暗滄洲仰拂雲霄文命逴會風淳道遼秦皇遐邁蔑莢象宅靈基阿銘迹幽嶠

香爐峯其山之西爲山陰山之東爲會稽自九里馬家埠而上溪壑幽邃又經雨若張公洗盤益增泉石之美上有水鍇山房塔院石屋驄虎軒表勝

庵軒前峭石百仞高出林杪石屋可容數十人循崖而上直至峯巔旁有陽明洞及鴛鴦石仙人壇石罅產茶甚佳近有僧結廬其上名小西天

明張汝霖

詩城外好山聞九里不道湖頭隔尺咫坐邀蒼翠只尊前亂踏空青多夢裏此時見說喜欲狂呼兒急往不及履午炊甫畢烟未消已簇山根窺洞底幾攢怪石躋杖頭百道飛泉漱展齒奇峯個個擬分身峭嶝垂垂半容趾脊連踵接喘若舂膝與眉平步成踸逡巡忽得穿其巔谷口桃花爛如綺松盤佛頂巢匊尼藤掛袈裟生簡子天厖晴懸幾箭氷雪竇寒生千歲鯉旋收落葉燒青鐺爲剪新茶烹碧水山僧向余指歸路取道泉間峭如砥緣蘿捫石側足行視向參處坐天起爐烟縷縷染人衣嶺雲片片還女几曾聞此處石頭滑衲子深林吼獅兕撩衣渡水試往參萬松鬣鬣佳如薺竹間水

出流胡麻枯茅蓋頭兩閒士遠心孤映詩思清皎耶書耶定誰似山窻坐對不問名片語投針笑相視名山況復栖名流得住且住爲佳耳西林日晛人促歸霞際孤舟去如駛廻看山色入虛無憶昔夢遊轉非是吁嗟乎老矣白頭只合伴青山空庭且自娛遊蟻〔徐渭詩〕閒來逐罷景純經客舍樵居烟霧生流水細分席畔響羣峯尖輿筆端迎春草笋茗來雙客夜火清明坐二更却喜香爐浮靄盡

明朝不用

雨中登

〔朱華山〕郡城龍脉祖鵞鼻而宗朱華朱華之脉北委于陳家嶺茅陽方前以及張家山應家山又起琶亭諸山迢遞入城

〔陳音山〕在縣西南四里許舊經云范蠡進楚人善

嘯猿九起雲十月嶺唐李邕碑云其峯五連其溪雙帶即謂此也

花徑山去縣西南二十五里多桃李榆柳望若雲錦色絡山谷故名

容山去縣西南二十七里其上平曠可容故名

木客山去縣西南二十七里吳王好起宮室越王乃使木工三千餘人入山伐木欲以獻吳王一年無所得木工思歸而歌木客之吟一夜天生神木其大二十圍其長五十尋陽為文梓陰為楩柟乃伐

而獻之吳王

蘭渚山去縣西南二十七里勾踐樹蘭渚地蘭渚之水出焉晋王羲之四十二人修禊於此引水流觴縈紆九曲右軍蘭亭記云此地崇山峻嶺茂林脩竹是也

玉架山去縣西南三十三里三峯如架故名

青蓮山去縣西南四十里許安世嘗往遊焉有山路入青雲之句

銅井山去縣西南六十里其山龍潭歲旱多往禱

之

西竺山去縣西南一百一十里東麓有慈恩寺故名

晃旒山去縣西南一百一十五里又名大巖山宋時宮闕在錢塘者與山相對山若晃旒故名

越王山即越王崢去縣西南一百七十里昔越王勾踐棲兵於此又名棲山上有走馬岡伏兵路洗馬池支更樓故址明王文轅詩毎恨高峰不易梯數峯長與白雲齊躋存秦望千尋上影落瀟湘萬頃西絕險始知天去遠臥崖頻見鳥飛低十年一踏烟霞頂雨後寧辭沒歷泥（走

馬岡徐渭詩綠苔連紫錢古泥亘百步下埋數尺沙云是舊時路路上亦何爲躍馬於此處當蹄鳥喙人萬蹄嘶一顧

天尖山去縣西南一百七十里徐渭詩萬松瀛千山竗翠不可染割取武陵源固是天所遺秦人跡無有雲中呌鷄犬夜泊漁舟來下山尋不見

青化山去縣西南一百二十里山多松栢有石如屋名石屋有湫名龍湫麻溪亦環於山麓

丘浮山去縣西南一百二十里上有丹井世傳浮丘公煉丹於此而羽化其巔有井名丹井

麻姑山去縣西一百一十里世傳麻姑仙煉丹於

此故名

白峯山去縣西南一百二十五里其山峯有白石

瓚岏故名

聖女山去縣西南一十九里

三山去縣西九里鑑湖中三山地勢相連陸游遊

息之所

離渚山去縣西南三十里內有謝尚書墓

柯山去縣西南三十五里山皆石其下有水曰柯

水有石佛高十餘丈

葑里山去縣西四十里

蜀山去縣西三十五里在柯山東俗名獨山

蓬山去縣西三十五里在柯山東

東眺山去縣西八十三里

西眺山在東眺山之西其一峯至高登眺者可極遠故名

黃龍山去縣西六十里

鳳凰山去縣西六十五里其形至小有鳳凰[illegible]故名邑有二鳳凰山一在縣南七里[illegible]

牛頭山去縣西六十五里唐天寶間改名臨江

按舊志有石疏理中通入水則浮名浮石明王守仁又改名浮峯峯南有石如臺小江縈其西江之西爲蕭山縣界

丫髻山去縣西六十三里山巔二小峯如髻故名

羊石山去縣西北三十六里有石如羊故名上石

馬鞍山去縣西北四十里狀如馬鞍唐天寶間名人安山

上方山去縣西北四十里傍有上方寺

下方山去縣西北四十里與上方山相聯傍有下方寺

梅花山去縣西六十里即獅子山地名前梅明詩人高廩築舍其下

金帛山去縣西北四十三里世傳禹至塗山諸侯執玉帛以會於此故名其嶺有九龍池

寶林山去縣西北四十里山南有龍井禱雨輒應

塗山去縣西北四十五里舊經云禹會萬國之所山麓有斬將臺梁初時又掘得青玉印蘇鶚演

云塗山有四一會稽二渝州三濠州四當塗然禹既會諸侯於此而窆石陵寢皆在玆土則左氏傳所謂禹會諸侯于塗山其卽此山明矣

唐柳宗元塗山序銘

維夏后氏建大功定大位立大政勤勞萬邦和寧四極威懷九有儀刑後王當乎洪荒方割災被下土自壺口而導百川大功建焉虞帝耄期順承天歷師錫而受四海大位定焉萬國既同宣省風教乃會塗山而會諸侯大政立焉功莫崇乎禦大災乃錫元圭以承帝命位莫崇乎執大象乃輯五瑞以建王極政莫先乎齊大紀乃朝玉帛以定經制是所以承唐虞之後垂子孫之丕業立商周之前樹帝王之洪範者也嗚呼天地之道尚德而右功帝王之政崇德而賞功故堯舜至德而位不及嗣湯武大功而祚延于世有夏德配于二聖而唐虞讓功焉功冠于三代而商周讓德焉宜乎立極垂

統貽于後嗣當位作聖著爲世準則塗山者功之所由定德之所由濟政之所由立有天下者宜取於此追惟大號既發華蓋既狩方岳列位奔走來同山川守臣莫敢違寧羽旄四合衣裳咸會虔恭就列俯僂聽命然後示之以禮樂和氣用洽申之以德刑天威振耀制立謨訓宜在長久厥後啟征有扈而夏德始衰羿距太康而帝業不守皇祖之訓不由他人亡政墜卒就陵替向使繼代守文之君又能紹其功德修其政統卑宮室惡衣服拜昌言平均賦入制定朝會則諸侯常至而天命不去矣兹山之會安得獨光於後歟是以周穆起追遺法復會於是山聲垂天下亦紹前軌用此述也故余爲此銘庶後代朝諸侯制天下者鄉則於此其辭曰惟禹體道功厚德茂會朝侯衛統一寰宇奄方宣教化制殊類咸會壇位承奉儀矩禮具樂備德容既孚乃搴明刑以弼聖謨刑戮防風遺骨專車克威克明嚮敢以渝宣昭黎獻底定寰區傳[illegible]後亂丕承帝圖塗山巖巖界彼東國惟禹之德

天無極即此刋碑貽後作則元宋無詩力平水土勢回天功業三千五百年四海九州皆禹跡獨留陵寢越山邊徐天祐詩陵下遺祠拜袞龍空山草木幾春風君看禹會村前路烏鵲猶知萬世功

西余山去縣西北四十二里

碧山去縣西北四十八里石色碧潤四時不易故名一名黨山北有洞極深奧故老相傳昔有仙人居焉

烏風山去縣西北五十里一名龜山濱海當潮生時遠望之宛然如龜出浮水中今名白洋山南麓爲巡檢司

雷山在龜山北二十里在海潮中潮至其聲如雷故名

浮山去縣東北三十五里浮鎮海口故名與三江所城相對

蒙挹山去縣東北四十里與浮山相對上有烟墩二所

石姥山去縣西北五十里

蜀阜山去縣西北四十五里舊經云山自蜀來帶兄婦二十餘人善織并錦自言家在西蜀今[illegible]存

此故名一云勾踐伐吳置寡婦其上以激軍士故又名獨婦山

梅山去縣北一十五里一名巫山越絕書云越□神之官死葬其上故名後爲漢梅福隱居之所故有今名上有適南亭下有泉名子眞泉有窟名天香窟有塢名茶塢有徑名竹徑明陸相詩一峯寒影墮江天花落層崖泣杜鵑却笑子眞原未隱尚留名姓在山川

下馬山去縣北二十五里舊經云秦始皇東巡息駕於此有石如蟾亦名蟾山俗名蝦蟆山山多露

石兩崖夾水石骨橫亘水底曰石檻

蹟山去縣北三十里許勢小而環抱箬蹟故名小江經其北

大峯山一曰駝峯山去縣北三十五里有洞名風洞

禹山去縣北三十里舊傳大禹治水駐蹕於此故名

玉山去縣北二十八里舊經云唐貞元元年浙東觀察使皇甫政鑿此山置閘八洞以泄山會蕭三

縣之水

六山去縣東北二十里高廣尋丈壘列澤中勾踐鑄劒銅不鑠埋之東坡上生馬箠種之六山飾爲馬箠以獻吳王今上有六山鋪

石城山去縣東北三十里按錢鏐討董昌攻石城去越三十里山下有石城里

寶蓋山去縣西南三十五里衆山廻合惟此獨秀故名

塢

棠紫塢在縣七十里夏履西溪山舊傳唐梓兩姓所居塢中修竹宻陰有清慧庵遺址

防塢越絕書越所以遏吳軍也

花塢在縣南三十里謝家橋之上每當春夏之交叢篁蔭鬱民處其地有上皇風

万干塢在縣西南十五里唐隱士方干所居有舟行隨路遠路入萬山逼之句末云頭宜白此峯以塢西有白峯山故也

謝尚書塢在離渚山内

茶塢　在梅山上

洞

風洞　去縣北三十五里駝峯山上

秋巖洞　去縣西八十五里越王山上俗呼仙人洞葛慶龍藏修之所後卒葬於此

碧山仙洞　去縣西北四十八里巖碧色洞口如井下視莫測其廣北通巨海常有人持火深入聞有櫓聲隱隱而鳴山南有捍沙大王廟

溪

南池溪去縣西南二十六里發自秦望法華諸山
入鏡湖
蘭亭溪去縣西南二十七里發自古博入鏡湖
離渚溪去縣西南三十里發六峯諸山北入鏡湖
餘支溪去縣西四十七里源有二一溫一涼相滙
不雜亦鏡湖之別派故名
道樹溪　大梅溪並在縣南十里受南池山水入
鏡湖
芝溪去縣西四十七里餘支橋南

上淺溪去縣西南七十里發銅井山北至下洋山

虞溪

虞溪去縣西七十五里承上淺溪之流北至清潭曰白石潭

白石溪一名東溪去縣西七十八里上承虞溪北流至登仙橋分爲二派一注東北入錢清江一入鄭家閘達於查浦

巧溪去縣西南七十五里崇山之下有微泉無源漸流以致盛大最爲巧絕故名

相溪一名西溪去縣西八十里發自藏山嶺折流北至鎖秀橋下分爲二派禹治水至此遺履不顧行一里餘始覺乃相視之故名其溪

麻溪去縣西南一百二十里出自晃旒山合流西

江

白龍溪 童子溪並在縣西南六十里受容山諸

澗水出相溪

澗

雙溪澗去縣西南三十里出自法華山入鏡湖廛

李公垂詩有十峯排碧落雙淵合清漣之句

渚

蘭渚去縣西南二十五里晉王右軍修禊流觴之所

離渚去縣西三十里發源自唐里六峯諸山縈廻盤旋合于離渚溪

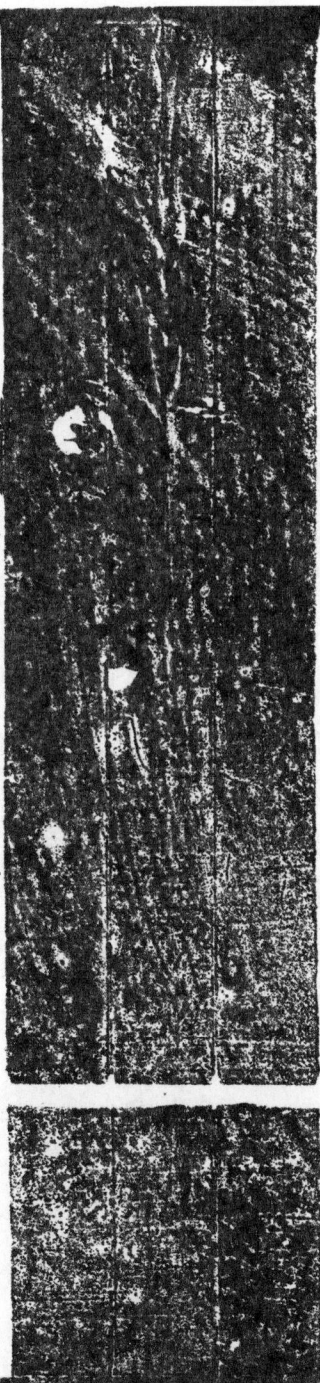

山陰縣誌　卷四　十九

山川志上終

山陰縣志卷第五

山川志下

嶺　浦　瀆　滙　池　潭

湖　河　江　海　橋　渡

嶺

古博嶺去縣西南四十五里俗訛爲虎怕嶺

不負嶺去縣西三十里舊傳唐蕭翼得蘭亭帖復京至此喜而言曰不負此行矣故名

九嶺去縣西南五十五里

黄山嶺去縣西南七十里

巧溪嶺去縣西南七十里以溪得名

石門嶺去縣西南五十里

看怕嶺去縣西南八十里其路峻嶮行者皆懼故名

藏山嶺去縣西南一百里

蕭家嶺去縣西南一百里居民多姓蕭故名

歡潭嶺去縣西南一百三十里以潭得名

扇石嶺去縣西三十里

捷石嶺去縣西四十里

嶽翠嶺去縣西三十五里

茅洋嶺去縣西三十五里

豪嶺去縣西三十里

容山嶺去縣西四十五里

刑塘嶺去縣五十五里世傳禹築塘斬防風氏故名

古城嶺去縣西六十里於越允常築城於此

石斑嶺去縣西七十五里產五色石故名

箬嶺去縣西六十二里

紫砂嶺在箬嶺北其地有紫砂故名

大嶺去縣西六十五里一名梅山嶺延聯七峯故名

遮翠嶺在縣西六十五里陸放翁曾卜居于此俗傳車水嶺

低嶺去縣西六十三里前有大[illegible][illegible][illegible]爲低故名

石頭嶺去縣西九十二里

浦

査浦去縣西一百里勾踐陳兵之處

射浦去縣南五里勾踐使陳音教射之處

瀆

射瀆卽射浦之別名

甲瀆去縣北三十八里

楊瀆去縣西北十二里

官瀆去縣西北十里越絕云勾踐設土官於此

佗瀆去縣北十五里

薛瀆去縣西北二十里

霜瀆去縣西北二十五里在瓜瀦湖

滙

紀家滙去縣西南一百里

大泗滙去縣西北四十五里

大滙去縣西南十五里卽鑑湖南塘

紫溝滙去縣東百步

池

南池去縣東南二十六里池有上下二所會稽覽古云勾踐棲會稽范蠡卽山穿池鑄魚鼈三年水

陸之味不乏今古塘尚存池皆廢而爲田矣今砂

塘村乃上池云

王右軍墨池去縣西南二十五里蘭亭橋東宋志

華鎮記云毎朝廷恩命至池水必先黑乃貯於罌

以獻

王右軍鵞池與墨池相近

向家池去縣西北三里最深廣宋時向皇后進香

停舟於此故池内有梳粧臺其石基猶存

琵琶池去縣西二里以池水湛碧故名

冷然池在蕺山之麓

西禪池去縣北五里

王公池在縣治西臥龍山下宋守王逵所浚故名

司馬池在縣治北如坻倉西一名賀家池北有劉太史棟芙蓉園

石家池在縣東北織染局

龍噴池在縣西南以上二池明時多佃爲民業

洗馬池去縣西八十五里越王山上世傳勾踐洗馬於此故名

月池去縣五十里

唐家池去縣百步

甘草池在縣西四十五里夏履橋西湖廟近

九龍池去縣北三十五里

潭

射的潭在縣南仙人石室下其深莫測

照潭去縣南八里

蘇家潭去縣南一十八里

破潭去縣東南一十一里圖經謂之破塘廣八十

畝明惡其名改盛塘

月潭去縣西九里鏡湖三山之西

壽潭在月潭之西

歡潭去縣西南一百三十里水清味甘行者至此樂飲焉故名

清潭去縣西八十里水清瑩如玉又名碧潭

潮止潭去縣西八十里廣二十餘畝小江潮至此而止故名有□名潮山有堰名潮山堰舊灌田□蒙坂萬字號田叁佰餘畝

包家潭在縣西北二十里

白魚潭去縣西北一十里

朱家潭去縣東北一十八里潭傍有朱姓者居焉故名

石潭去縣西北一十八里潭底有活石故名

湖

鏡湖去縣南三里卽古南湖也舊傳軒轅鑄鏡於此故名唐元宗賜賀知章鑑湖一曲故又名賀監湖綿跨山會二縣周廻三百五十八里總收二縣三十六源之水東至曹娥西至西小江南至山北

至郡城其初本潮汐往來之區東漢永和五年太守馬臻始築塘蓄水溉田九千餘頃又界湖爲二曰東湖曰南湖南湖灌山陰之田東湖灌會稽之田二邑地勢南高北下故鑑湖高田丈餘田又高海丈餘旱則放湖以溉田潦則洩田以注于海自晉永和迄於宋民甚利之祥符治平以來並湖之民盗湖爲田二湖合而爲一祥符中盗湖爲田者二十七戸至慶曆間爲田四百頃熙寧中廬州觀察推官江衍被譴至越不能建議復湖乃立牌於水以牌内之湖爲田聽民

入祖凡八十餘頃至七百餘頃至郡守王擬併岸外之湖盡廢古湖爲田者二千二百餘頃今湖皆爲田盡已升科有常額議欲復古以興水利者雖惜之而勢必不可行矣（唐）李白（詩）鑑湖三百里菡萏發荷花五月西施採人看隘若耶（賀知章採蓮曲）稽山雲霧鬱嵯峩鏡水無風也自波莫言春度芳菲盡別有中流採芰荷（孟浩然詩）始覽鑑湖物中流到底清不知鱸魚味但識鷗鳥情晚得樵風送春逢穀雨晴將探夏禹穴稍背越王城府掾有包子文章推賀生滄浪醉後唱因子寄同聲（李頎寄鏡湖朱道士詩）澄霽晚流潤微風吹綠蘋鱗鱗遠峯出淡淡平湖春芳草日堪把白雲心所親何事可爲樂夢裏東山人（宋王十朋詩）蒼蒼涼涼紅日生葱葱鬱鬱佳氣橫鏡湖春色三百里桃花水漲扁舟輕花間啼鳥傳春意聲落行舟驚夢寐胡床兀坐心鏡清轉覺湖山有

風味鑑中風物幾經春身在鑑中思古人禹蹟茫茫千載後疏鑿功歸馬太守太守湖成坐鬼責後代風流屬狂客狂客不長家鑑湖惟有漁人至今得日暮東風吹棹回花枝照眼入蓬萊回首湖山何處是欸乃聲中畫圖裏（趙抃詩）春色湖光照錦衣岸花汀草自芬菲若耶溪上遊人樂舉棹狂歌半醉歸（陸游詩）千金不須買畫圖聽我長歌歌鑑湖湖山奇麗說不盡且復與子陳吾廬柳姑廟前漁作市道士莊畔菱爲租一彎畫橋出林薄兩岸紅蓼連菰蒲村南村北鵶陣黒舍東舍西楓葉赤正當九月十月時放翁艇子無時出船頭一束書船尾一壺酒新鈎紫鱖魚旋洗白蓮藕從渠貴人食萬錢放翁癡腹長便便暮歸稚子迎我笑遥指一抹西村烟（李孝先詩）賀家湖裏見秋風放翁宅前東復東兩行雲樹忽遠近十里荷花能白紅行人濯足銀河上越女梳頭青鏡中我欲長帆上南斗扶桑碧海與天通（元陳孚詩）鏡湖八百里水光如鏡明偶尋古寺坐便有清風生天闊鴈一點山

空猿數聲老僧作茗供笑下孤舟輕（明劉基詩）若耶溪上雨聲來秦望山前霧不開欲渡鏡湖尋禹穴蒼藤翠木斷猿哀（錢宰詩）鏡湖白波木葉稀涼風蕭蕭入客衣季真賜宅已無主太白酒船空棹歸野色驚秋鴻雁下水聲吹晚鯉魚飛此時張翰吳軍去雲鎖稽山失翠微（陸佃詩）越王山下藕花洲夜近鄞亭傍客舟水箭銅壺宮閣漏風簾銀燭酒家樓千年城郭歸黃鶴萬里烟波老白鷗霜月滿天清不寐蓬窗吟倚木棉裘（傅俊詩）重湖望斷水東西百折道塍間曲堤楊柳塘藏茅屋小菰蒲遥映畫橋低採菱歌去聲還杳載酒船來路欲迷幾度落紅流出緩錯教人認武陵溪（王諠詩）春波橋外水連天一曲桑麻一曲烟僧磬遠聞松寺裏漁家多住柳塘邊雲深夏后藏書穴花艷知章載酒船回首蘭亭今寂寞流盃空說永和年（徐渭詩）鏡湖八百里何長中有荷花分外香蝴蝶正愁飛不過鴛鴦非水自雙雙若耶溪上好風光無人將去獻吳王西施一病經三月數問荷花幾許長

天照湖去縣東三里

青田湖去縣西十五里周廻二十餘里溉田二千畝產菱芡之利

獱猻湖去縣北一十里周廻約廣十餘里俗又呼爲黃鰷湖爲舟楫往來之道淺不能畜水遇潦則盈遇旱則涸

菱塘湖去縣西五十里湖多菱葑故名後產水芝更名芝塘湖廣三千七百二十餘畝洪武二十七年奏奉工部劄令耆宿丈量築堤一面建閘一所

積水防旱每年七月處暑後三日啟涵三十七八
九三都田禾一萬八千餘畝民甚賴之近被附湖
居民侵佔爲田水不甚畜
黄𡍼湖又名太師湖去縣北三十五里廣數百畝
感聖湖去縣西三十里宋高宗避兵泊此有異感
故名與瓜瀦湖相連
錢家湖　楊家湖並在天樂鄉今皆陞科爲田
牛頭湖舊名後山湖去縣西六十五里廣二百餘
畝有隄岸畜水灌田湖高田數尺可畜水以灌下

鄉之田

黄湖去縣西北五十二里廣二頃九十八畝

西湖去縣西八十里廣五十畝

馬安湖去縣西北十里今已陞科爲田

上盈湖去縣西一百里廣三頃五十畝

下盈湖去縣西一百里廣七頃七十畝二湖皆陞科爲田

白水湖去縣北十里旁通運河遇旱不涸甚足以資灌溉產茭魚鱉之利

石湖去縣西三十里廣一百頃

容山湖去縣西三十五里廣三十餘頃

秋湖去縣西三十五里廣三頃灌田千頃

瓜渚湖去縣西三十里湖有二前瓜瀦後瓜瀦廣千餘畝淺不能畜水遇旱則涸

湖

鑑湖　錢家湖　楊家湖　馬安湖　上盈湖

下盈湖　贔石湖　撞石湖　碓石湖　相湖

並在城南乃鑑湖之別名今皆陞科爲田

河

運河宋紹興年間運漕之河也去縣西一十里西通蕭山東通曹娥横亘二百餘里舊經云晉司徒賀循臨郡鑿此以溉田雖旱不涸至今民仰其利鄉間支河甚多不能盡載

府河舊爲市民填佔窄狹嘉靖三年知府南大吉疏浚舟楫無礙民歌思之

縣河東自蓮花橋西通王公池

鄉都諸河其名稱廣狹已載郡志中通判江軏求

利圖志繁不盡載

三江城河在三江城下爲各縣糧船往來之道

江北河在西江之北大海之南每爲潮水灌入沙塗壅積遇澇輒溢遇旱則涸不能瀦畜以資灌漑

簞醪河在縣治東即府河華鎮考古云勾踐撫存國人與共甘苦有獻壺漿受之覆流水上士卒承流飲之人百其勇宋徐天祐詩往事悠悠逝水知習流尚想報吳時一壺解遣三軍醉不比商家酒作池

江

西小江去縣西北四十五里其源在諸暨之浣江分爲二派初出天樂經流蕭山轉東北達於海天順元年太守彭誼建白馬山閘以通三江口之潮閘東盡漲爲田於是江水不通於海矣

錢清江去縣西五十里按舊志即浦陽江也漢太守劉寵有惠政山陰有數父老賫百錢送之寵選一大錢投於江遂呼曰錢清江今已通運河江廢

海

三江海口去縣西北五十八里北望嘉興之澉河

西連浙江

白洋海口去縣西北五十八里北望嘉興之澉浦西連浙江

橋

府橋在縣東北一里鎮東閣東 酒務橋在縣東南一里 蓮花橋在縣東南百餘步 平章橋在縣東南半里 鳳儀橋在縣東南半里近司獄司俗名懊來橋 王儀橋在縣南一里 拜王橋在縣南一里錢鏐平董昌邑人拜於此故名又名登瀛橋 大郎橋在縣西四十步 小郎橋在縣西五十步 清冷橋在縣西南西園門上 章家橋在縣東南二里 如坻橋在縣東北二里以近如坻倉故名 倉橋在縣

東北二里許以近便民倉故名

鯉魚橋在縣北二里許

錦鱗橋在縣北二里許宋時浙東貢院故址故二橋之名皆取此

謝公橋在縣北三里太守謝公所置故名

北海橋在縣北三里許俗傳唐李邕寓居於此

光相橋在縣北三里許

弘濟橋在火珠山下本名火珠橋嘉靖間郡守南大吉名寳珠後守湯紹恩重修改今名

捨子橋在縣東南五里

承天橋在縣東南一里

木瓜橋在縣東北二里

大雲橋在縣東北四里

隆興橋在縣東南三里

永澄橋在縣東北二里

新河橋在縣東北二里許

江橋在縣東北三里乃宋江彪居於此故名

小江橋在江橋邊故以小名

斜橋在縣東北三里本名中正橋

大善橋在縣東北二里許

草貌橋在縣北三里

題扇橋在縣東北四里許

香橋在縣東北三里許

畫馬橋在縣東北

五里許　採花橋在縣東北五里　板橋在縣北一里許　萬安橋在縣北二里　昌安橋在縣東北五里以上諸橋皆在縣治內　亭山橋去縣南一十五里山近鏡湖諸溪之水滙焉東入郡城西通諸暨路　稽山橋去縣南一十五里鏡湖上以近稽山故名東入郡城西通諸暨路　西跨湖橋去縣西南五里鏡湖上南通離渚路　十老橋去縣西南十五里有老者十人共建故名　蘭亭橋去縣西南二十五里許又爲含暉橋　橫塘橋去縣西南二十五里　大虹橋去縣西南四十里古今人多以虹蜆與橋方比而此橋又雄架湖上遂名之曰大虹　白樓堰橋去縣西八里昔橋傍有亭名曰白樓而橋亦名東入郡城南通諸暨路　何山橋去縣一十里東入郡城南通諸暨路　迎恩橋在迎恩門外舊名菜市橋　永樂橋在迎恩門外西北五十步　虹橋去縣十里宋理宗少時浴

於此故又名浴龍橋　瓜成橋去縣西北十里又名會龍橋　霞頭橋去縣西北一十三里　杜浦橋去縣西北一十五里　高橋去縣西北二十五里運河塘上橋最高故名　越浦橋去縣西一十四里　興福廟橋去縣西一十四里　梅市橋去縣西北二十里　王城東橋去縣西北一十二里　王城西橋去縣西北一十五里　柯橋去縣西北三十里柯亭下　會墟橋去縣西北一十五里　阮社橋去縣西北四十五里　太平橋去縣西北四十六里橋北有張帝祠　板橋去縣西北五十里　賓舍橋去縣西六十五里　餘支橋去縣西北四十八里　清江橋去縣西五十三里　湖塘跨湖橋去縣西四十里東入郡城西通蕭山路　禹會橋去縣西六十里　夏履橋去縣西南八十里夏禹治水遺履於此故名　宜橋去縣西五十八里湖

時景泰初重建改名登仙鎖秀橋在登仙橋西百步湖上橋去縣西八十里村

步橋去縣西八十里官瀆橋去縣西北十里錢清浮橋去縣西北五十二里

舊以木柵爲浮橋明時弘治八年邑人周廷澤建萬家橋去縣西四里興安橋

去縣西北二十五里鄉人祁茂興建功未就而卒其子子安繼之而成以其父子之名名橋云廣

溪橋去縣西北五十二里西小江浮橋去縣西北五十五里文應橋去縣

七里俗傳朱買臣讀書于此後封文應侯故名高門橋去縣東北十里昌坊橋去縣

東北十里趙墅橋去縣東北一十五里六山橋去縣東北二十里富陵橋

去縣東北一十五里嘉靖間新建七眼橋去縣西南二十里梅仙橋去縣西南

二十里寨口橋去縣西南七十里青墩橋去縣西北五十里上横橋

去縣西南二十八里梅林橋去縣西北四十八里行義橋去縣西北五十里趙家廟橋去縣西北五十里通利橋去縣西北五十里上下平橋去縣二十里螭峯下鑑湖橋去縣西北一十五里涵清橋鍾秀橋並在縣西小步里以上諸橋皆在縣治外浮橋在尖山去縣一百二十里維舟爲橋以濟大軍之入閩金仙橋在縣西六十五里明因寺之傍宋祁國公杜衍所建七賢橋去縣西南二十里梁鴻孟光樵隱處梅福隱處方干遊寓處呂祖謙讀書處胡致堂胡五峯住處狀元橋舊名王家橋去城南五里因明狀元張元忭故名河東橋舊名太原橋正德癸酉里人盛皃建御史馮應鳳改今名東浦灞橋去縣西北十二里天濟橋去縣西北十五里在狹猕湖口渭水橋去縣三十里迎恩鄉小步村中灘上永安橋舊名金王沙湖

堋三促迅急覆舟溺人岸北造水始殺人稱永安橋

渡

南堰門渡去縣南五里　前梅渡去縣西北六十里錢清江上流南通諸暨北通蕭山濱江之民造舟以渡　張湖渡去縣北七十里　邵家渡去縣西北二十里　三江渡去縣東北三十三里明時知府湯紹恩改建新閘　荷湖渡去縣北三十三里在璜山東大峯山南上通扁拖甲蓬二閘下接三江新閘北有荷湖俗訛云濠湖周圍數里　查浦渡去縣西八十里　蘭亭渡去縣南二十五里跨蘭渚之流　離渚渡去縣西三十里

山川志下終

嚴禁開鑿保全闔郡碑記

闔郡紳衿里民爲遵憲勒石永禁開鑿以護府龍來脉以保全越生靈事竊惟越郡龍脉祖鵕鼻而宗朱華由陳家嶺茅陽方前應家琵亭鮑郎諸山分枝舒幹迢遞入城結爲府治其形勢蟠偃因名臥龍載之誌書班班可攷凡公署神廟以至縉紳居第士庶室廬無不藉其庇蔭守宰代有名賢人才時產英俊地靈人傑良不誣也故眞龍活脉保護則福厎損則凶歷來應驗不啻如響先輩稔知利害攸關公同永禁千百年來發祥不替不意于崇禎年間被奸民將陳家嶺開鑿燒灰府城旋遭火盜當蒙府主王諱期昇嚴行餙禁猶恐不肖藉口已山嗜利復開隨將蘭字十二號至二十六等號山捐俸贖買當即追由入官以絕禍胎現有彼時領官價里民羅藎不敢盜獻官山認呈案存本府軍廳迨順治丁戌之交又有奸徒借葺禹廟朦呈請示採石燒灰致傷龍脉爾時道府廳縣一時相繼解綬搢紳亦因以彫謝山陬村落咸遭土

寇焚掠殺傷慘狀悉載故紳姚諱應嘉金諱蘭唐諱九經王諱士驥申誠三山中刻梓分佈闔郡皆知至今閱之猶慘惕也又順治十一年間被土棍丁南岳等開鑿茅陽禁山災殃立至幸庠生徐允升金棟等公呈道憲朱諱虛蒙批署府事軍廳吳諱勉會同紳衿登山踏勘按驗往牘懲治南岳嚴行重禁自後二十餘年奸棼屏跡民物阜安詎意康熙十年間南岳之子利心復熾違禁開鑿茅陽又賴庠生朱亂祿謝元龍朱長濆金炯等稽紳姜諱天樞祁諱豸佳劉諱明孝胡諱昇猷秦諱長春姜諱希轍余諱縉唐諱賡堯茹諱鉉王諱穀振金諱煜王諱穀章等公呈道府廳縣當蒙府主張諱三異遍請闔郡紳士公同踏勘目擊茅陽方前等處白石磷磷鑿斷龍脈大爲慘傷隨詳部撫鹽院藩臬司道各憲復蒙道憲史諱允鑑審禁通詳各憲俱行嚴批勒石永禁開採碑竪府門並案墨未乾乃有嗜利蔑法之楊瑞東等于康熙十三年春夏間糾集奸徒於久禁陳家嶺官山始而竊採偷

燒損傷龍脉繼且朦朧詐呈顯肆開鑿以致秋冬之際山水災興生民荼毒較之丁戌年間爲害尤甚禍將靡窮因而庠生朱驊元鈕圻等目擊心傷爲闔郡生靈請命于康熙十四年九月初三日復具呈山陰縣主高諱登先蒙批准禁同郡與呈紹興府主何諱源濬蒞任方新執法不回蒙批出示嚴禁越十三日庠生徐允升陳炳文等慮日久弊生以懇恩勒禁等事具呈本府蒙批准勒石永禁隨據詞轉詳分巡寧紹道許諱弘勳蒙批據詳陳家嶺獅子茅陽應家諸山旣係府城來龍所關歷有禁約且諸搢紳先生與□同辭僉云不可開採仰府照舊嚴禁仍行鐫石垂諸永遠以告後之守土者等因送府轉行到縣蒙本縣督催勒石奉批允升等仰遵憲德置碑二道備勒歷禁諸案一建本府一立盛塘上埠庶紳衿士民咸使聞知奸徒不敢復萌覬覦以保全城以垂不朽詎康熙十七年間又有嗜利之徒借修大能仁寺詐呈開鑿應家山復賴庠生徐允升張熿等具呈本府劉諱

涵之蒙批陳家嶺獅子茅陽應家諸山歷奉憲禁不許開鑿悉有成案并詳巡憲許批示嚴行永禁以杜奸弊以保全越奉此備列以垂後人

登瀛橋 在荷湖之西水謂瀛川其來遠矣先時未成大閘蓋爲海外浮洲其中綿濶一十餘里間有民居入城貢賦咸涉此津每值風濤作息幾殆魚鱉萬曆乙未年科名鶚薦蟬聯而起高僧普照募勸傅后山捐貲董事創造石梁一十八洞水深千尺潮汐往來築址甚艱六載告成江北居民無不利涉橋逾里許壞接兩都如玉虹之駕長空迄今披月行吟飄然欲仙登瀛之名誠不虛云

高公橋 去縣西一百里在天樂鄉康熙十五年八閩媍亂大兵進勦羣集天樂浮橋邑侯高公諱登先供應軍需爲水所溺衆救獲甦居民以公誠于爲民無媿父母相稱謂高公橋 高公字倩升鍾祥人順治己亥進士康熙六年知縣事愛民如子弗為苛求唯盛

以誠信而民亦不敢欺至和易近人覺公庭之上唯見光風霽月邑民俱稱之曰高外公十三年七月寇亂時常禧二門蜂湧數萬城幾陷公集民聚守幸援師來臨賊退去以後城門常晝閉驚傳搴盜復至危如纍卵且軍興旁午羽書絡繹公撫綏殘黎終免倒懸隨擢中翰而清廉仁愛之聲繼美阜魯迄今猶爲稱述其輿頌口碑盈諸卷帙浩繁不能盡載

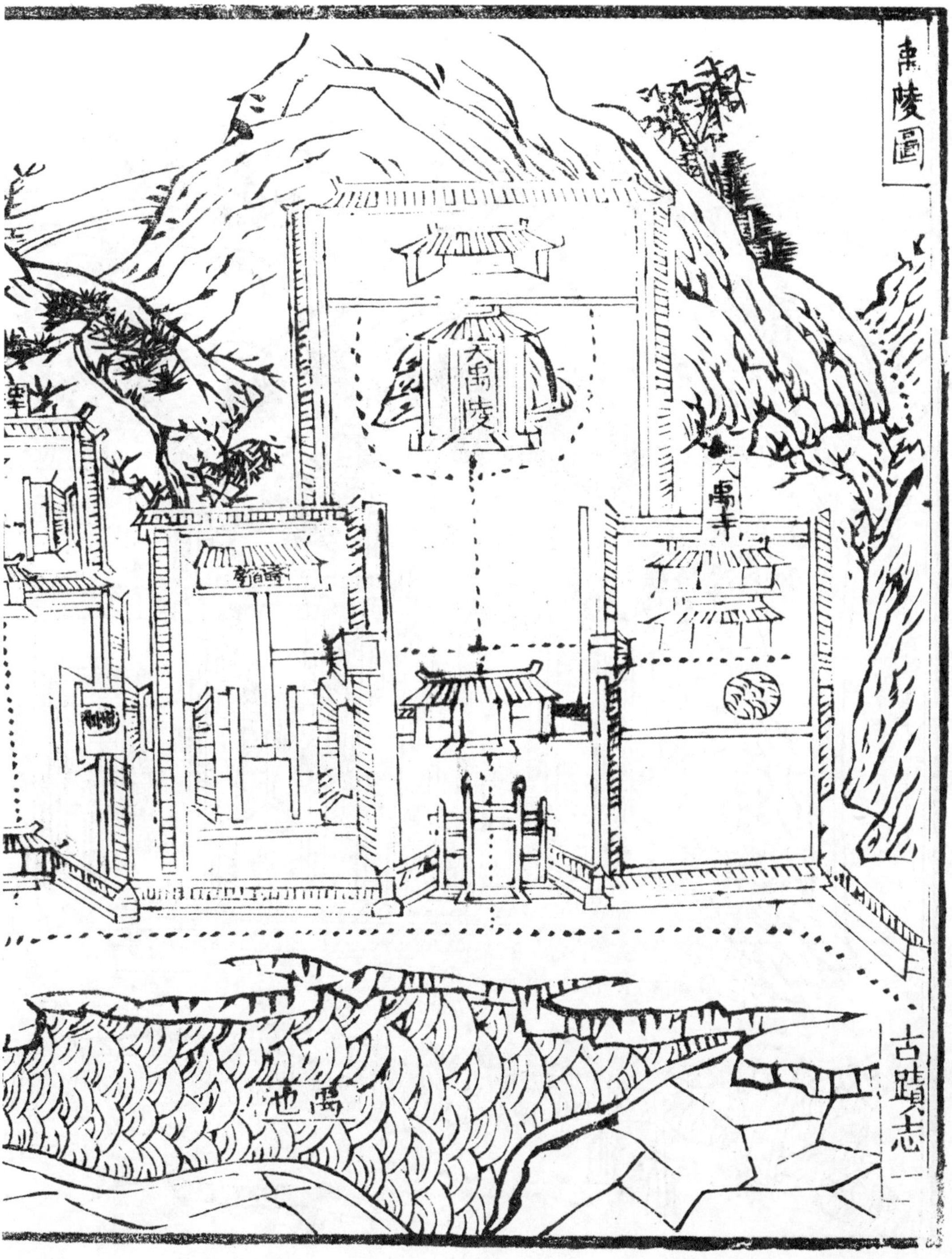

禹陵圖

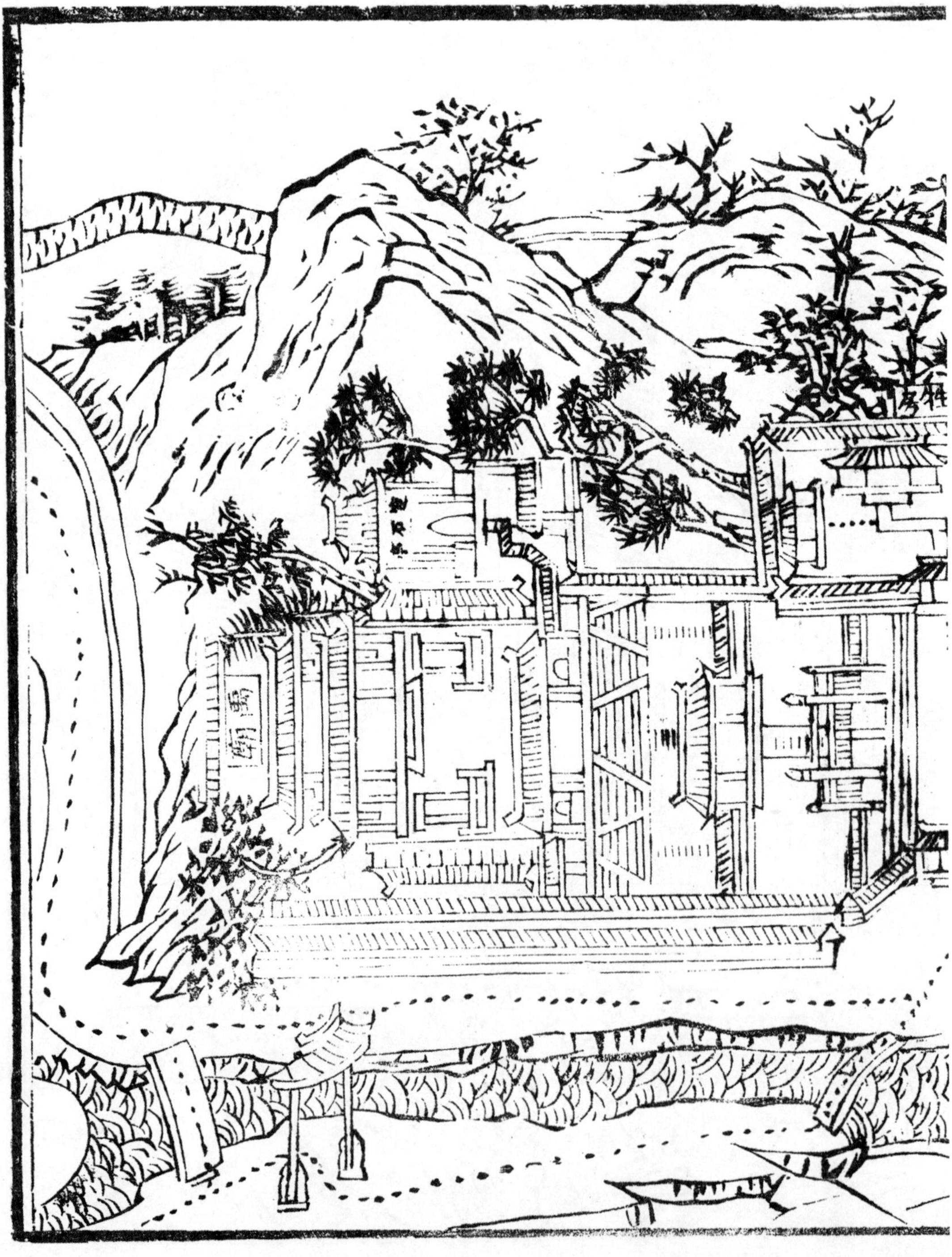

蘭亭圖
北至
古書
蘭亭
洗墨池
浴鵝池
竹裏行廚
東至官路
七眼橋
月池
南至

山
天華寺
遊覽小憩
院
西至山
蘭亭古跡
寺橋
錫杖山
溪

山陰縣志卷第六

古蹟志

臺　閣　樓　堂　闕室　亭　宅　園　館

井　泉　石　塘驛　器物

補山川不改景物已非其能久留者幾何乃猶令人憑弔不已則以記載可傳也葢愛其人并不忘其人之蹟好古者亦有所考鏡焉

臺

越王臺按臺舊在臥龍山巔越王勾踐登眺之所

宋守王綱移置山之西岡今在光化亭上（唐李白詩）越王
勾踐破吳歸義士還家盡錦衣宮女如花滿春殿
只今惟有鷓鴣飛（明貢悅詩）曙光晴散越王臺萬
壑千巖錦綉開俯檻僧鐘雲外落捲簾漁唱鏡中
來樹藏茅屋鷄聲斷露濕松巢鶴夢回安得畫圖
分隙地移家
仍任小蓬萊

望烏臺昔越王勾踐入吳有丹烏夾王而飛故其
霸也起望烏臺以表其瑞今溫泉鄉十九都鏡湖
傍山有望烏臺舊址

望月臺汪綱建在府治中壞已久（王十朋詩）明珠
遥吐卧龍頭瀲
灧清光萬里浮人望使臣
如明月更清如鏡莫如鈎

賀臺會稽舊志云在長湖山之西嶺有賀臺越王滅吳還而成之以志慶也

中宿臺越絶書云勾踐興樂中宿處也久廢

斬將臺在縣西北四十五里塗山東禹東廵會諸侯於此防風氏後至以其人長築臺斬之

駕臺越絶書云周六百步今安城里吳越春秋駕臺在於越丘

宴臺在府城東南吳越春秋宴臺在於石室

靈臺在龜山吳越春秋云起游臺其上又云冠其

山巔以爲靈臺水經注起靈臺於山上作三層樓以望雲物

閣

蓬萊閣在臥龍山上五代時吴越王錢鏐建宋時尚存（唐元稹詩）州城瀠遶拂雲堆鏡水稽山滿目來四面無時不屏障一家終日在樓臺星河影向簷前落鼓角聲從地底回我是玉皇香案吏謫居猶得小蓬萊（宋張伯玉詩）書報蓬萊高閣成越山增翠越波明雲收海上天風靜人在月中金翠橫游女弄芳珠作珮仙人度曲玉爲笙會須長揖浮丘伯醉聽銀河秋浪聲（又）萬疊湖山烟水濱朱門晝戟問松筠登臨不踏紅塵路燕寢長居紫府春晝靜欲驂風外駕夜深疑是月中身我慙白首方懷紱猶得蓬萊作主人（王十朋詩）中秋玩月

外蓬萊風起嬋娟入座來樽俎論文清有味湖山縹緲淨無埃雲生脚底蛟龍臥影落人間鼓角催把酒問天兼問月何時此夜更啣杯（又）祖龍車轍徧塵寰只道蓬萊在海間空上望秦山上望不知此處是神山（明高啟詩）旅思曠然釋置身蒼林杪郡山為誰來歷歷散清曉奇姿脫霧雨奮身爭欲矯氣逼海烟長色帶州郭小山疑藏啼猶橫空截歸鳥流聯互蕩激下有湖壑繞佳處未徧經一覽心頗了秦皇遺跡泯昔士風流杳願探金匱篇振袂翔塵表

星宿閣在臥龍山麓城隍廟西偏山陰境也前列梅嶺諸峯遠望數十里田疇棊置鱗次屋舍星錯綠樹迷烟清流紆廻護之小舟浮水面如落葉人行隱隱盡郡城西南之勝（明蕭鳴鳳詩）岑樓厰虛牖羣峯翠堪拾獨臥春

霄靜乍暝秋風入溪雲忽成雨幽竇泉聲急夢過天台巔足下星辰濕（張佳胤）越中諸公招飲星宿閣詩飛閣擁岧嶤丹梯荷見要人占星宿聚地受海雲潮萬井憑欄得長空過目遥江湖、勳越封甸已歸堯柏掌山陰道移尊北斗杓咸珖瑁高論各瑤瑤客自東南美臺堪覓針淡烟催落日醉語散青霄不盡蘭亭路貪看秦望標翠公似有意雲釐擬相招

延桂閣在清思堂之側在府治中前有巖桂甚古宋守趙彥倓建蕋館士所寓之地今廢

鎮東閣在縣治東北一里府治之左卽舊子城鎮東門吳越王錢鏐時改名鎮東軍門宋元以來名鎮東閣明嘉靖元年燬於火四年知府南大吉修

翔輪奐偉麗屹然爲東南巨觀

樓

飛翼樓在臥龍山上舊經云越范蠡作飛翼樓以壓强吳唐人因樓址爲望海亭已廢至明嘉靖十七年郡守湯紹恩改建爲越望亭

西樓舊記云在縣西唐孫逖詩都邑西樓芳樹間逶迤霽色遶江山山月夜從公署出江雲晩對訟庭還誰知春色朝朝好二月飛花滿江草一見湖邊楊柳風遥憶青青洛陽道

滿桂樓唐李紳詩序云架樓州城西南臨眺于外盡見湖山別開外扉通杜鵑樓

杜鵑樓 樓前植杜鵑花

望雲樓 舊經云即勾踐遊臺也

披雲樓 （宋齊唐詩）元和文物盛羣賢曾借蓬萊住列仙人入簾櫳山外寺樹搖臺榭鏡中天

新樓 唐白居易嘗與元微之集于新樓北園

逍遥樓 大學士朱賡建於東武山上 其記曰越之山處鑑湖而入郡城者八其大而著者三曰卧龍曰蕺曰東武皆南向秦望若鼎峙然臨觀之美他山莫及也然卧龍爲郡治人不得時登蕺稍東偏一望壘壘有北邙之感焉惟東武地最幽而於秦望最中即卧龍且偃然擁其背而蕺亦障其肩互爲兹山用又二山所爲遜美也其上爲應天浮屠古刹在焉余嘗結一室讀書其中因誌稱兹山從瑯琊海中飛來乃大書其壁曰小瑯琊示不忘本也由臺而西

編竹爲戶曰採菊門內建五楹仍南向曰萬壽軒由軒而入曰薜荔坡循坡而上地復方廣前鑿小池畜諸色魚百許頭旁植牡丹數千本他花石稱是而所謂逍遥樓者巋然臨其上焉樓之下爲白雲館又進爲圓覺洞天洞天僅容蒲團而虛其頂可闔可闢日月正中則精光直射懷內可仰而吸之亦一奇也楹凡三楹與浮屠東西犄角十里之外望而見之環樓皆牖環牖皆城環城皆湖環湖皆山開牖四顧則萬堞之形蜿蜒如帶鑑湖八百錯滙於田疇間如飄練浮鏡而秦望一山領諸峯隔湖而羅謁焉又如錦幔綉屏層見疊出殆不可數余性喜覽眺常苦無濟勝具并斯樓也几席之內靡弗湖山不雙屐而畢登不扁舟而畢濟終日卧而遊焉若其太虛之寥廓原野之莽蒼與夫烟雨風雪之變態草木鳥獸之吹息無不寓之耳目飽之胸襟有嗒焉忘其身世而悠然遊于方之外者故曰

逍遥也

勑書樓明正統八年爲旌高宗淵好義而建翰林修撰商輅爲之記

御書樓董玘家建以藏書

堂

大觀堂　清思堂宋張伯玉有詩白雲無事不肯出幽鳥有時還自來

清白堂　逍遥堂宋張伯玉有詩旌麾千騎長風月一堂深

賢牧堂　棣蕚堂

鎮越堂　涼堂以上堂俱在府治中

飛蓋堂在西園　漾月堂在王公池北

觀風堂在卧龍山東麓宋紹興中曹詠建（王十朋詩）薄俗澆風有萬端欲將眼力見應難但令心鏡無塵垢端坐斯堂即可觀今廢

蜀山草堂在蜀山（元羅天錫詩）蜀山秀東國翠色分峩眉人傳西極來萬里如龍飛根盤大江曲終古不復移之子結茅屋開軒當翠微流水穿澗道白雲繞巖扉松葉釀我酒吉貝爲我衣山鳥或勸飲木客同吟詩造化總前定榮名不可期終焉志嘉遯采藥復採芝

闕室

雙闕　水經注雙闕在北門外闕外百步有雷門門樓兩層勾踐所造

金堂玉室　晉書許邁傳邁嘗語王右軍自山陰南

至臨安多有金堂玉室仙人芝草〔宋蘇軾詩〕金室玉堂餘漢士桃花流水失秦人〔又詩〕若逢逸少問金堂應與稽康留石髓

亭

越望亭在臥龍山巔嘉靖十五年知府湯紹恩建即望海亭故址亭之題咏有集〔會稽董玘序〕越望亭奚爲作也存古也紹興古越地爲勾踐故區郡署依臥龍山之冢嶺則亭所在也亭初名飛翼樓勾踐時范蠡所建歲久寖圮後人葺之名望海亭歲久復圮正德間猶餘石柱者四前守曳而仆之古迹遂泯篤齋湯侯自德安舉能治劇來蒞于茲踰年政通人和乃及斯亭經工庀材不涉旬而亭屹然以完更名越望者以龍山爲一郡之望又前與秦望山相值也其名義與地斯稱矣蓋昔之稱勝槩者必于深

山窮谷如所謂羅浮天台衡嶽廬阜乃皆在乎僻陋之鄉人迹所罕能至惟金陵錢塘二郡會號爲盛麗然其占形勝治亭榭者亦必於郊野之外而好事者後得以爲已功未有直治城内闤闠不踰庭閾而湖山林壑之美烟雲潮汐之變人物居邑之繁一寓目而盡得之徧行天下者無踰於此亭北顧傾圮堙没于榛莽間且千餘年前後爲守者不知其幾莫或詢及至侯而一旦復之遂冠絶于他邦雖博物辨名莫能窮其狀者傳曰賢者之興而愚者之廢非此類也夫於是郡之父老扶携聚觀其大夫士之能言者及形諸歌詩輯爲巨集諸僚佐春山孫君形齋周君誠齋葉君仰峯周君將刻以傳而屬予爲序予閲而嘆曰詩人美復古斯亭也侯以古迹之所寓然且復而存之况古之善政善教有利於今者乎茍共職之所得爲與時之可爲有弗究圖者乎然則斯集也豈徒以侈遊觀之勝將俾繼侯而理者即其細知其大也故不辭而書之侯蜀之安岳人諱紹恩字汝承篤齋其號

嘗取聖祖教民榜註釋刊行又有勸善書養蒙條訓皆教令之著者肇建三江應宿閘尤有功于民云（吏部侍郎謝丕詩）小亭著向臥龍尖東越爭傳勝事添八面奇靈環海嶽四時作息見閭閻星河炯炯仙凡隔徑路蕭蕭吏隱兼欲擬蓊苔尋舊跡重教柱石聳遐瞻（知府湯紹恩詩）龍合兩江如鳳舞東來越望氣氤氳千年王霸名山在萬壑風烟高閣分參錯翠華羅縮帶平臨奎壁煥人文漫游非爲新亭計憂樂關情荅聖君（同知孫仝詩）龍嶠堆盤壓蠡城遶亭風景海天清松羅遺跡千年史薪膽垂名幾度鸞星斗摘來雲氣爽江山望裏曙光平閭閻何處歡歌動擊壤驚聞第一聲（通判葉金詩）拔蘿直上最高峯入望晴巒擁碧空海嶽平分玄圃界風雲近際玉皇宮碑殘芳草嗟陳迹亭構飛翬識鉅工勝境廢興真有待龍圖從此益增雄（推官陳讓詩）亭成越望俯松關襟帶毗吳女斗鬬日浴桑泉雲外海江分南北浙東山卧薪露冷瓢菰米刊木祠高垂宇寰自古會稽王霸地峯巒

不盡意
中看

光化亭縣治之後據山崗稍面東南勢最
高敞四望諸山盎拱列而奇絕

惠風亭府山之北

紫翠亭在臥龍山之上

東亭在惠風亭北古以爲飲客之地（唐宋之問夜
飲東亭詩）春水鳴大壑皓月吐層岑岑壑景色佳慰我遠遊心晴芳足幽氣驚棲多衆音高興南山曲長謡橫素琴今二
亭俱廢

霖雨亭一名新亭同知王近訥建

觀德亭王尚書希呂建用以習射

五雲亭在臥龍山東峯宋章岷建岷自爲詩臥龍東嶺冠雲霞亭面溪流對若耶

海榴亭唐李紳詩海榴花早開繁蘤光照晴霞破碧烟其址不知何處

望仙亭紹興七年趙侍郎不流建南依巖石北望梅山今廢

五桂亭州將高紳植五桂于亭前故名疑即飛翼樓所改今無攷

多稼亭在望海亭下王補嘗修焉

茂林亭　綠波亭　流觴亭　列翠亭　春榮亭

夏陰亭　秋芳亭　冬瑞亭　華星亭　清曠亭
逍遥亭　騁懷亭　徘徊亭以上亭俱在西園内今廢
極覽亭賢牧堂之西北淳熙七年李參政彥頴建
清白泉亭在府治内泉清而色白故名宋守范仲淹記會稽府署據臥龍山之南足北上有蓬萊閣閣之西有涼堂堂之西有巖巖之下有地方數丈密蔓深叢莽然就荒一日命役徒而闢之中獲廢井即呼工出其泥滓觀其好惡擇高年吏問廢之由不知也乃扃而澄之三日而後汲視其泉清而白色味之甚甘淵然丈餘綆不可竭當大暑時飲之若餌白雪咀輕冰凛如也當嚴冬時若遇愛日得陽春溫如也其或雨作雲蒸醇醇而渾蓋山澤通氣應于名源矣又引嘉賓以建溪日注臥龍雲門之茗試之則甘液華滋悅人性靈觀夫大易之象初則井

道未通泥而不食弗治也終則井道大成收而弗幕有功也其所之謂乎又曰井德之地蓋言所守不遷矣井以辨義蓋言所施不私矣聖人畫井之象以明君子之道焉予愛其清白而有德義爲官師之規因署其堂曰清白又構亭于其側曰清白亭庶幾居斯堂登斯亭而無忝亭名哉寶元二年月日范仲淹記〔王十朋詩〕錢清地古思劉寵泉白堂虛憶范公印綬紛紛會稽者誰能無愧二賢風

〔蘭亭〕一名稽亭去縣西南二十七里越絕書云勾踐種蘭渚至晉王羲之爲右軍將軍會稽內史與同志太原孫綽陳留謝安全其子獻之等四十有二人修禊於此〔羲之自爲之序〕永和九年歲在癸丑暮春之初會于會稽山陰之蘭亭修禊事也羣賢畢至少長咸集此地有崇山峻嶺茂林修竹又有清流激湍映帶左右引以爲流觴曲水列坐其次雖無絲竹管絃之盛一觴一詠亦足以暢敘幽情是日也天朗氣清惠風和暢仰觀宇宙之大俯察品類之盛所以遊目騁懷足以極視聽之

娛信可樂也夫人之相與俯仰一世或取諸懷抱晤言一室之內或因寄所托放浪形骸之外雖趣舍萬殊靜躁不同當其欣于所遇暫得於已快然自足曾不知老之將至及其所之既倦情隨事遷感慨係之矣向之所欣俛仰之閒以爲陳迹猶不能不以之興懷況修短隨化終期於盡古人云死生亦大矣豈不痛哉每覽昔人興感之由若合一契未嘗不臨文嗟悼不能喻之于懷固知一死生爲虛誕齊彭殤爲妄作後之視今亦猶今之視昔悲夫故列敘時人錄其所述雖世殊事異所以興懷其致一也後之覽者亦將有感于斯文〔詩曰〕代謝鱗次忽焉以周欣此暮春和氣載柔詠彼舞雩異世同流乃攜齊契散懷一丘〔又詩〕仰視碧天際俯瞰綠水濱寥闃無涯觀寓目理自陳大矣造化功萬殊莫不均羣籟雖參差適我無非親一十二人詩二篇成〔謝安詩〕伊昔先子有懷春游契茲言執寄傲林丘森森連嶺茫茫原疇迥霄垂霧凝泉散流〔又詩〕相與欣嘉節率爾同褰裳薄雲

羅物景微風翼輕帆醇醪陶丹府兀坐遊羲唐萬
殊混一象安復覺彭殤〔謝萬詩〕肆眺崇阿寓目
高林青蘿翳岫修竹冠岑谷流清響條鼓鳴音玄
崿吐潤霏霧成陰〔又詩〕司冥卷陰旗勾芒舒陽旌
靈液被九區光風扇鮮榮碧林輝翠萼紅葩擢新
莖翔禽撫翰遊騰鱗躍清泠〔孫綽詩〕春詠登臺
亦有臨流懷彼伐木肅此良儔修林陰沼旋瀨縈
丘穿池激湍連濫觴舟〔又詩〕流風拂狂渚停雲蔭
九皋鸎羽吟修竹游鱗戲瀾濤攜筆落雲藻微言
剖纖毫時珍豈不甘忘味在聞韶〔徐豐之詩〕俯
揮素波仰掇芳蘭尚想嘉客希風永歎〔又詩〕清響
擬絲竹班荊對綺疏零觴飛曲津歡然朱顏舒
〔孫統詩〕茫茫大造萬化齊軌罔悟玄同競異標旨
平勃運謨黃綺隱几凡我仰希期山期水〔又詩〕地
主觀山水仰尋幽人蹤迴沼激中逵疏竹間修桐
因流轉輕觴泠風飄落松時禽吟長澗萬籟吹連
岑〔王彬之詩〕丹崖竦立葩藻映林淥水揚波載
浮載沉〔又〕鮮葩映林薄游鱗戲清渠臨川欣投釣

得意豈在魚〔王凝之詩〕莊浪濠津巢步潁湄冥心眞寄千載同歸〔又詩〕氤氳柔風扇熙怡和氣淳駕言興時游逍遥映道津〔王肅之詩〕在昔暇日味存林嶺今我斯遊神怡心静〔又詩〕嘉會欣時游豁爾暢心神吟咏曲水瀨淥波轉素鱗〔王徽之詩〕散懷山水蕭然忘羈秀薄粲穎疏松籠崖游禽扇霄鱗躍清池歸目寄歎心冥二奇〔又詩〕先師有冥藏安用羈世羅未若保冲眞齊契箕山阿〔袁嶠之詩〕人亦有言得意則歡嘉賓既臻相與游盤微音迭詠馥焉若蘭苟齊一致遐想揭竿〔又詩〕四眺華林茂俯仰晴川渙激水流芳醪豁爾累心散遐想逸民軏遺音良可玩古人詠舞雩今也同斯歎　一十五人詩一篇成〔郗曇詩〕温風起東谷和氣振柔條端坐興遠想薄言遊近郊〔王豐之詩〕肆眄巖岫臨泉濯趾感興魚鳥安居幽跱〔華茂詩〕林榮其鬱浪激其隈泛泛輕觴載欣載懷〔庾友詩〕馳心域表寥寥遠邁理感則一冥然斯會〔虞說詩〕神散宇宙内形浪濠梁津寄暢須臾歡

尚想味古人〔魏滂詩〕三春陶和氣萬物齊一歡
明后欣時和駕言耿清瀾亹亹德音暢蕭蕭遺世
難望巖愧脫屣臨川謝揭竿〔謝繹詩〕縱暢任所
適迴波縈遊鱗千載同一朝沐浴陶清塵〔庾蘊
詩〕仰想虛舟說俯歎世上賓朝榮雖云樂夕斃理
自因〔孫嗣詩〕望巖懷逸許臨流想奇莊誰云眞
風絕千載挹遺芳〔曹茂之詩〕時來誰不懷寄散
山林間尚想方外賓超迢有餘間〔曹華詩〕願與
達人遊邂逅遊濠梁狂吟任所適浪流無何鄉蕭
〔桓偉詩〕主人雖無懷應物貴有尚宣尼遨沂津蕭
然心神王數子各言志曾生發奇唱今我欣斯遊
慢情亦暫暢〔王玄之詩〕松竹挺巖崖幽澗激清
流蕭散肆情志酣觴豁滯憂〔王蘊之詩〕散豁情
志暢塵纓忽以捐仰詠挹遺芳怡情味重淵〔王
渙之詩〕去來悠悠子披褐良足欽超迹修獨往眞
契齊古今　一十六人詩不成曰謝瑰曰卞迪曰
丘髦曰王獻之曰楊模曰孔熾曰劉密曰虞谷曰
勞夷曰后綿曰華耆曰謝藤曰任凝曰呂系曰呂

本曰曹謹各罰酒三觥〔孫綽爲後序其辭曰古人以水喻性有旨哉非所謂渟之則清淆之則濁耶故振轡于朝市則充詘之心生閑步于林野則寥落之意興仰瞻羲唐邈然遠矣近詠臺閣顧探增懷聊於曖昧之中期乎瑩拂之道暮春之始禊于南澗之濱高嶺千尋長湖萬頃乃藉芳草鑑清流覽卉物觀魚鳥具類同榮資生咸暢於是和以醇醪齊以達觀快然久矣焉復覺鵬鷃之二物哉耀靈縱轡急景西邁樂與時去悲亦係之往復推移新故相換今日之迹明復陳矣原詩人之致興諒歌詠之有由文多不載大畧如此所賦詩亦裁而綴之如前四言五言焉

明太祖御製流觴曲水圖記

古蘭亭流觴曲水圖一卷俯清流而沸湍仰茂野而幽靜亭坐一人下視游鵞一裀一皮二人露列流側一授一接松下二人一掀髯而問一凝眷而聽巖傍一人神倦而伸身澗右一人一手舉卷一手握筆按膝竹間二人一卷軸已成一回

身以軸而授老竹下二人年邁屈脊抱膝棄卷而息一臨流而探杯澗北二人一據膝而問一以手印地而聽又竹邊二人一收卷而捲一紐頸而觀詩成一人安筆硯整衣冠而坐其頴川庾蘊過酒覆杯交睫不開僕者撼之參軍楊模隔流而躍如伶人狀王獻之攝衣而憩王肅之將俯流而取觴司馬虞說凝軸以言呂系側身以手踞地而聽后緗酩酊握卷坐寢孔熾酒後持卷仰觀劉密袒衣攘臂以取覆杯王玄之王彬之相揖而搆詞謝繹搔疥王蘊之舉幅執筆而書勞夷擊杯觴下徐豐之玩鵠逝觴華耆停杯他視曹華開卷王蘊之攘臂肆坐卞廸迎流欲觴謝禹回顧長松曹譚舒足回顧華茂袒衣執筆呂本握筆搔耳虞谷捧觴而勸他者孫嗣撚髯而態喜袁嶠之讚他文王豐之開卷誦之首有童子十人侍立者二主器者一擎瓶者二斟酒者一發盃者三受酒者一中有遺持盃者一未有童子五人捧殽者二呼盃者一縱盃者二一卷凡六十人内鳥一隻其或吟或詠或醉

或眠或俯或仰或起或坐或舞或處或趨或上下盡其態尤有異焉皆始于一艮工之胸乃有名于筆鋒之下是可奇也由斯知晉代之衣冠人情之風美有昔是耶故於洪武九年秋七月記〔明〕王冕詩 東晉風流安在哉烟嵐漠漠山崔嵬衰蘭無苗上花盛長松落雪孤猿哀滿地紅陽似無主春風不獨黄鸝語當時諸子已寂寞真本蘭亭在何許歆詹老樹緣女蘿崩崖斷壁青相磨舊時觴詠行樂地今朝畫鼓瞿曇家荒林晝静響啄木流水潺潺遶山曲遊人不來芳草多習習餘風度空谷去年載酒誦古詩今年拄杖讀古碑年年慷慨入清夢何事俯仰成傷悲故人不見天地老千古溪山爲誰好空亭悵首獨凄凉山月無痕修竹少緬望齡逾千載淸真王右軍重遊今日感斯文幽蘭寂寞自流水古木蕭疏空白雲江左風流悲往昔越山辭藻見諸君酒闌莫問興亡事巷口烏衣總夕曛〔徐渭〕詩 長堤高柳帶平沙無處春來不酒家野外光風偏拂馬市門殘帖解開花新觴曲

引諸溪水舊寺巖垂幾樹茶回首永和如昨日不堪悵望晚天霞（王思任詩）碧水丹山野鳥啼松篁夾路綠陰齊孤亭寂寂圍春草古寺深深隔遠溪玉版飽嘗堪却肉竹床閑卧不聞鷄永和勝事皆塵跡誰向雲林一再題　嘉靖戊申郡守沈啓移蘭亭曲水於天章寺之前寺前舊有蘭亭書院置田千餘畝以供遊覽歲久侵蝕嘉靖初郡守南大吉曾修復近日皆圯至郡守沈啓又改剏焉（文徵明記）紹興郡西南二十五里蘭亭在焉郡守吳江沈侯自方出郊得其故址于荒墟榛莽中顧而嘆曰是晉王右軍修禊之地也今禊帖傳天下人知重之而勝蹟蕪廢行路嗟惜守土者敢不致意耶既三年道融物敷郡事攸理乃訪求故實稽其起廢時其贏詘以次[illegible][illegible]而蘭亭嗣葺焉亭所在也非故處而所謂清流激湍亦已

湮塞，于是剪茀決澮，尋其源而通之，引其流于故址，左右紆回映帶，彷像其舊，而甃以文石，視舊加飾焉。其中爲亭，榱棟煇奐，欄楯堅完，墨瀦、鵞池，悉還舊觀。經始戊申十月，成于己酉三月，不亟其工也。侯於是集僚友賓客而落之，以書抵余，俾記其成。余唯右軍始去護軍而爲會稽也，其歲月不可考，而開倉賑饑，上疏爭吳會賦役，與執政書極陳郡中弊事，其于爲郡盡心焉爾矣。蘭亭之會，殆政成之暇歟？昔人謂信乎，故人和，人和故政多暇。余於右軍蘭亭之遊，有以知當時郡人之和已至。其兩陳殷浩北伐而策其必敗，告會稽王須根立勢舉而後可以有謀，不然社稷之憂可立而待。當時君臣漫不知省，而卒皆蹈於。晉之爲國，迄以不競。迹其所爲，豈空言無實者？使其得志，行其所學，其功烈施置，當不在茂弘、安石之下。時不能用，而斂其所爲，優游于山林泉石之間，至于誓墓自絕，嗚呼，豈其本心哉！且其所謂虛談廢務，浮文妨要，斯言也，實切當時之弊，而以一死生、齊彭殤爲妄誕於斯文重致慨焉其意有可見已夫自永和抵今千數百年國有廢興人有代謝而蘭亭之名迄配斯人以傳其事又有出於泉石遊觀之外者君子於此蓋有所識矣夫游觀雖非爲郡之急而考古尚賢亦爲政者所不可廢矧蘭亭諸賢皆天下選文物雍容極一時之盛委蛇張弛古訓攸存文章翰墨所未論也然而文翰之美自茲以還亦未見的然有以過之者則夫所以稱其心志而失其實者有以哉史稱其淸眞任率釣弋自娛亦言其迹云耳故余於沈侯之請特著其心之所存出于吾儕諸賢之上如此然則沈侯斯亭之復也豈獨遊觀爲哉是役也侯首捐俸金以倡而一時寮寀若通守蕭君奇士推官王君愼徵咸有所助二守俞君汝成最後至復相厥功于法皆得書故附著之侯名啓字子由

適南亭去縣北一十八里梅山頂上宋熙寧中郡

守程師孟築蓋取莊周大鵬圖南之義今廢（陸佃記曰：會稽山川之秀甲於東南自晉以來高曠宏放之士多在於此至唐餘杭始盛而與越爭勝見于元白之稱然山川之勝殆有欝而未發者也熙寧十年給事中程公出守是邦公吏師也下車未幾政成訟清與賓客沿鑑湖上蕺山以尋右軍秘監之跡登望稍倦未愜公意於是有以梅山之勝告公者蓋指其地昔子眞之所居也公聞往焉初留佛刹橫見湖山一面之秀以爲未造佳境也因至其上望之峯巒如列間見層出烟海相值也已而於山之高層築亭焉名之曰適南蓋取莊周大鵬圖南之義暇日領賓飲而賞焉於是圖州以爲觀美而春時無貴賤皆往又其風俗潔雅嬉遊皆乘畫舫平湖清淺晴天浮動及登是亭四眺無礙恍若登于蓬萊之上可謂奇矣雖然公之美志喜于發揚幽懿豈特賁一山而已凡此鄉人藏道畜德晦于耕隴釣瀨屠市卜肆魚鹽之間者庶幾托公之

翼搏風雲

面上矣

白樓亭去縣西三里附城常禧門外白樓堰今廢

東武亭去縣南三里二百七十步世傳塔山自東武飛來因以爲名

軒亭在府橋東宋時有樓名曰和旨以其便民飲也翟汝文爲郡時所創今廢

柯亭漢時名高遷亭去縣西三十里漢蔡邕避難於此仰見椽竹知有奇音遂取爲笛故名張騭文士傳曰蔡邕告吳人曰吾昔嘗遊會稽高遷亭見屋椽中東第十六根可以爲笛取用果有異聲今已廢爲

柯橋寺（唐胡僧詩）一宿柯亭月滿天笛亡人没事空傳中郎在世無甄别争得名垂爾許年

萩山亭去縣治西北蕺山巔嘉靖十五年知府湯紹恩推官陳讓建以山居艮方故名

鑑湖一曲亭賀知章建在常禧門外止水庵邊

息柯亭在塔山之東阜秦山鏡湖之勝俱在其前上有千峯閣

宅

江彪宅在縣東北三里太平寰宇記云郭北有江橋即江彪所居之地

許徵士宅去縣南三里許詢之父從晉元帝過江遷會稽內史因居焉皇甫冉詩昔聞玄度宅門對會稽峯

盧少卿宅在新河坊少卿名翊宋宣和中爲鴻臚少卿連守楚泗台三州未嘗家食前後門雖具未嘗開守舍者自側戶出入少卿長子圖爲鄭州通判代還一術士善相宅至少卿宅夜登屋臥視云此宅前開門則出兩府後開門則出臺諫而所應者非本宗後建炎四年高宗駐蹕于越凡空第皆給百官寓止禮部尚書謝任伯寓此宅拜參知政事中使宣召開前門赴都堂治事上虞丞婁寅亮與唐爲姻家暫假投檢奏封章乞立嗣中旨除監察御史開後門詣臺供職其言皆驗

孔車騎宅去縣西南四里今侯山即孔愉所居地

詳見山川志

〔王右軍宅〕去縣東北五里蕺山南麓戒珠寺即其故址今右軍祠尚在寺西或云此爲羲之別業剡縣有金庭觀乃其舊宅也〔宋朱晦翁詩〕四山盛啟浮屠舍遺像仍留內史祠筆塚近應爲墖塚墨池今巳化蓮池書樓觀在人隨遠蘭渚亭存世幾移數紙黃庭誰不重退之猶笑博鵞時

〔嚴維宅〕唐太曆中維與鄭槩裴冕等六人聯句賦詩名重一時其宅去縣北十五里名長史村〔維自賦詩〕落木秦山近衡門鏡水通又云在鏡湖中未知孰是〔維夏日納涼詩〕山陰

過野客鏡裏接仙郎盥漱臨寒水褰帷入夏堂杉松交日影枕簟上湖光衮衮承嘉話清風納晚涼

皇甫冉秋夜宿嚴維宅詩　昔聞元度宅門向會稽峯君住東湖下清風惟舊跡秋深臨水月夜半隔山鐘世故多離別良宵詎可逢

施肩吾宅　唐舊志言在山陰而不詳其處　陳文惠公詩幽居正想飡霞客夜久月寒疎露滴千年獨鶴兩三聲飛下簷前一株栢

王奇宅　在縣東南槿木巷内

陸放翁宅　宋寶謨閣待制陸游所居在三山之側

自詩八首　老寄孤村裏悠然臥曲肱筭貧先放鶴嫌俗并疎僧古戍高秋笛寒窓半夜燈平生羞詭遇多獲豈無能　又　吾廬雖小亦佳哉新作柴門斸綠苔拄杖每闌歸鶴入釣船時帶夕陽來墟烟隔

水霏霏合籬菊淩霜續續開千里佳期那可得矣
呼林父共傳杯（又）天氣晴和修禊後土風淳古結
繩前村村陂足分秧雨戶戶門通入郭船亭障盜
消常息鼓坊場酒賤不論錢行人争看山翁醉醉
枕槐根臥道邊（又）莫笑農家臘酒渾豐年留客足
雞豚山重水複疑無路柳暗花明又一村簫鼓追
隨村社近衣冠簡朴古風存從今若許閑乘月拄
杖無時夜叩門（又）臘月風和意已春時因散步過
東鄰草烟漠漠柴門裏牛跡重重野水濱多病所
須唯藥物差科未動是閑人今朝佛粥更相饋更
覺江村節物新（又）俠氣崢嶸蓋九州一生常耻爲
人謀酒寧剩欠尋常債劍不虚施細碎讐岐路凋
零白羽箭風霜破敝黑貂裘佯狂自是英豪事村
市歸來醉拍牛（又）數家茅屋自成村地碓聲中晝
掩門寒日欲沉滄霧合人間隨處有桃源（又）不識
如何喚作愁東阡西陌且閑遊兒童共道先生醉
折得黄花
插滿頭

朱山人別業　朱山人不知其名越州賊退後歸別
業〔唐劉長卿詩〕越州初罷戰江上送歸橈南渡無
來客西陵自落潮空城垂故柳舊業廢春苗閭
里相逢少鶯
花共寂寥

書巢　宋陸游讀書處

道士莊　在鏡湖中與三山連接唐賀知章致政歸
自號黃冠道士因所居故名〔明夏煥詩〕道士道士
季真金龜解却飲李白長安市上酬青春乞歸送
別元宗惜賢達應知罕儔匹無奈山林高尚心驅
馬高車留不得鑑湖一曲剡川通好山隱映波瀲
灔詔書特賜爲臺沼一錢不必損青銅盤盤第宅
連雲漢歸來乞作千秋觀偶營別業着閒身野服
黃冠恒泮渙有時理棹向南汀忘機不令鷗鳥驚

有時高臥北窗下手書一部南華經種菱種藕堪
給食酒醞松花配鮮鯽一任姚崇解救時從教杜
老能憂國千載遺蹤尚未湮經尋毋嗟當
世人鬢鬖白戴頭顱雪潦倒青雲說爲貧

麓湖庄常禧門外舊有宋丞　丕文忠肅公祠湖世爲虞　生地

西園在縣治後宋守蔣堂置中有曲水閣流觴亭
茂林亭後人又作望湖樓飛蓋堂漾月堂流杯嶨
右軍祠清眞軒惠風閣列翠亭華星亭春榮亭夏
陰亭秋芳亭冬瑞亭逍遥亭徘徊亭修竹塢敷瑩
門形勝面山負郭元以後湮圮不存今惟池尚存
王十朋詩黎明出城郭偶作西園游春淺花未郁
池寒綠初抽湖山欲縱目烟靄浮不收初來興非

淺心賞殊未酬賴有三君子清談洗牢愁更期春色濃携酒泛仙舟

小隱園在縣西南鏡湖中四面皆水宋守楊紘與賓從游故名中有勝奕志歸湖光翠麓四亭外有鑑中倒影二亭歲久淪於湖矣明王埜詩楊公眞吏隱政暇即湖山亭榭臨流起雲蘿陟磴攀一朝辭郡去千古惜春閑游客興懷處西風鬢易斑

快園明御史大夫五雲韓公別業有剪韭亭載郡志此其遺址也園在龍山後麓叚叚選勝開門見山開牖見水地皆高曠多植桃李桑竹池廣十畝豢魚前山一帶有古松千餘顆蜿蜒離奇下有鹿

百餘頭盤旋倚徙朝曦夕照樹底掩映今則種樹
荒而麋鹿亦不遊矣

寓園去府城西南二十里中有寓山崇禎初年御
史祁彪佳引水鑿池依山作亭鼎革時彪佳自沉
于池而卒園有八景曰芙蓉渡曰孤峯玉女臺曰
廻波嶼曰梅坡曰試鶯館曰即花舍曰歸雲寄曰
遠山堂

福王府在縣治東北蕺山之南宋理宗封弟與芮
爲福王因築府以居之今廢

浦陽府在縣西四十里唐書云會稽有府曰浦陽葢唐人之兵府也久廢

浴龍宮在迎恩門西虹橋北宋理宗母全氏家理宗童時嘗浴於此橋側有會龍石尚存

雲壑在臥龍山之東嘉定中郡守汪綱剏建郎宋時百花亭故址其側有清曠軒今俱廢

南林在縣南吳越春秋范蠡在越見處女出於南越王聘之問以劍戟之術

冬青穴宋義士唐珏取元僧楊璉眞伽盜發宋諸

陵骨瘞天章寺前六陵各爲一函每陵樹冬青一
株以志其處（詩云）馬箠問髐形南面欲起語野麕
尚屯東何物敢盜取餘花拾飄蕩白
日哀后土六合勿怪事蛻龍掛茅宇老天鑒區區
千載護風雨（又）冬青花不可折涼風吹花作香雪
摇摇翠蓋萬年枝上有鳳巢下龍穴君不見犬之
年羊之月霹靂一聲天地裂（林景熙詩）冬青花花
時一日腸九折隔江風雨淸影空五月深山護微
雪石根雲氣龍所藏尋常螻蟻不敢穴移來此種
非人間曾識萬年觴底月蜀魂飛遶百鳥臣夜半
一聲山竹裂（又）珠亡忽震蛟龍睡軒敝寧忘犬馬
情親拾寒瓊出幽草四山風雨鬼神驚一杯自築
珠丘土雙匣猶傳竺國經獨有春風知此意年年
杜宇哭冬青（又）空山急雨洗巖花金粟堆前起暮
鴉水到蘭亭更嗚咽不知眞帖落誰家喬山弓劍
未成灰玉匣珠襦一夜開猶記去年寒食日天家
一騎捧香來（明李東陽冬青行）高家陵孝家陵

鱗骨盡蛻龍無靈唐義士林義士野史傳疑定誰是玉魚金粟俱塵沙何須更問冬青花徽欽不返梓宮復二百年來空朽木穆陵遺骼君莫悲得葬江南一杯足

高啟詩

樓船載國沉海水金棺畫入三泉裏空中玉馬不聞嘶日落寢園秋色起魚燈夜滅隧戶開弓劍已出空幽臺髡奴暗識寶氣盡六陵松栢悲風來玉顱深注酡酥酒誤比域王月支首百年帝魂泣穹廬醉骨飲冤愁不朽幸逢中國真龍飛一函雨露江南歸環珮重游故山月冬青樹死遺民非千秋誰解錮南山世運興亡反掌閒起輦谷前馬蹄散白草無人澆麥飯

按輟耕錄所載唐玨林景熙收宋諸陵骨事年月事實前後不同有紀事四絕句唐之傳林之集中各有載其詞則大同而小異陶九成謂唐所收者諸陵骨林所收者但高孝兩朝詩中有匣字得非林之詩而傳者誤入于唐傳中者乎故今載于林之名下其冬青花歌附于唐傳者二載于林集中者一詞皆不同今則各附于二名下俾觀者有所辨也

北館〔書苑〕王右軍爲會稽守子敬出戲北舘新塗上壁白净可愛取掃帚沾泥汁中書壁爲方丈字晻曖斐亹觀者成市

南華山館在南郭龜山之南明張太僕天復別墅堂名遂初其子鼎元元忭構一小閣名之曰觀畤以地居南村故勒陶靖節南村三詩置座間每與王龍溪朱金庭羅康洲諸南明徐文長嘯咏流連世傳久遠樹皆拱抱其曾孫陛更加恢擴林麓空明川巖開滌晴雨烟雲出沒環翠如畫凡四方名

公鉅卿舟車至越者必遊憩其中武林黃貞父題其亭曰賞奇太倉吳梅村題其園曰秋水雲間李存我題其齋曰素心嘉禾曹秋岳題其居曰適志溪山滿目座多名流實爲園亭勝事

井

烏龍井在縣治內臥龍山巔水甚洌宋淳祐間趙與傑浚

琵琶井

鰻井在寶林山上舊傳有靈鰻出入井中正德間井尚有泉今涸（宋林景熙詩）雲根藏海眼靈物此中蟠沫吐晴巖雨陰飛夏木[illegible]

年化龍去半日待潮看消長從誰問徵吟依石闌

〔墨客揮犀〕云越州應天寺鰻井在盤石上其高數丈井纔方數寸乃一石竅鰻時出遊人取之置懷袖間了無驚猜如鰻而有鱗兩耳甚大尾有兩迹相傳黄巢嘗以劍刺之凡鰻出遊越中必有水旱疫癘之災鄉人嘗以此候之〔華鎮〕考古云飛來山下石井大如盆盂無耗溢有二鰻文采煥爛世言下徹滄海好事者以絲綫懸錢探之極兩緒不得其所止

古琵琶井在軒亭因順治十七年各失火而井出庠生姚奕捐買義井

〔蛟井〕舊傳井有三蛟今人以爲温泉鄉銅井即是

〔梅福丹井〕去縣北十許里梅山上世傳梅福煉丹於此故名〔元吳騆詩〕團團石甃冷蒼苔仙客雲遊竟不來寂寞斜陽巖壑底藥爐丹竈盡塵埃

陸太傅丹井去縣西北八里靈芝鄉法雲寺前少東太傅昔以直集賢院守鄉邦晚謝事居寺東曾墟故廬辟穀煉丹專汲此井十餘年容髮不衰丹已八轉忽變化飛去太傅乃洗爐鉢水飲之數日無疾而逝

浮丘公丹井去縣西一百二十里天樂鄉世傳浮丘公煉丹於此丹成仙去故名

何公井在雲門山西世傳梁何胤所居故名

方井在臥龍山足今名臥龍泉

泉

劉家井龍潛其中泉甘不竭汲濟一方去縣西三十一里理恩小步村

泉

清白泉在府治内清白堂側范文正公記西巖下獲廢井泉甘而色白淵然丈餘引不可竭

三汲泉在龍山麓泉甚淺不過有水數斗然汲盡已復滿未嘗竭也

半月泉在法華山巓天衣寺側泉隱巖下雖月圓時但見半月最爲佳勝唐李公垂詩嵌湧全身塔池開半月泉紹興初僧法聰鑿開巖石易名滿月

子眞泉在梅山本覺寺上泉味甘寒㢘博士布嘗

爲書子眞泉三大字笠澤漁父銘曰梅公之去漢猶鴟夷子之去越也變姓名棄妻子舟車所通何所不閱彼吳市門人偶然之而作吏者因著其說倘信吳市而疑斯山不幾乎執一而廢百梅公之去如懷安于一方則吳市與血丹莽之斧鉞也山麓之泉甘寒澄徹珠排玉雪與子徘徊酌泉飲之亦足以盡公之高而歎其決也

玉帶泉在琵琶山陽和嶺下泉止一洼特有孤松盤結其上味甘而冽色微白故名玉帶或謂陽和嶺上爲張陽和祖墓既誕生陽和宜卽名之陽和泉亦猶孤山泉東坡名之六一云

竹庵泉庵在婁公埠之下味清冽其色如霜雪

秋月井口有字剔視之是禊泉二字書法大似右軍

純陽泉在上方山坡下去城西北三十五里上有純陽庵下有龍王堂平地出泉水味甚冽

石

磨鏡石會稽志云在鏡湖邊世傳爲軒轅磨鏡石石畔光潔不生蔓草

磨針石在法華山舊傳曇翼誦經山中久無所得乃下山逢妮磨針於石上遂感悟還入山修業

松化石道人馬自然古蹟也石堅而滑有二段高

四五尺大一圍係松木所化鱗皮紋理仍復如松
今在會元董玘宅中

塘驛

富中大塘越絕云勾踐治以爲義田致肥饒故謂之富十道志云勾踐以田肥美故富中都文選吳都賦富中之甿貨殖之選舊經云富中里是也

古塘去縣西南二十五里晉大康謝輶築明蕭鳴鳳詩古塘環謝塢雲烟有深藏魚沿曲溪下鳥沒青天上想當虞夏初民疎土材曠平鄉饒稼穡儲湖度高亢象耕事已誕營居跡猶壯揭來齒髮稠山川日鐫錫衣冠出林麓禾黍入深障拙巧何太殊淳澆永相望撫事懷夙昔乾坤一惆悵

抱姑塘去縣西五十二里上連鏡湖下接小江世傳塘剏始之時隨築隨潰一老嫗苦之赴水死其婦痛之亦赴水抱姑屍而出於水中其塘遂成故名

吳塘去縣西三十五里越絕云勾踐已滅吳使人築塘東西各十步名吳塘

苦竹驛去縣二十九里迎恩鄉有苦竹城在唐時爲驛今廢

器物

石船石帆鐵履鐵屐郡國志塗山有石船長一丈云禹所乘者十道四蕃志聖

姑從海中乘石舟張石兜帆至此遂立廟廟中有石船船側拾得鐵履一雙（寰宇記）宋元嘉中有人於石船側掘得鐵屐一雙（會稽記）東海聖姑乘石船張石帆至二物見在廟中葢江北禹廟也

驅山鐸　唐人於越溪獲鐸以問僧一行一行荅云此秦始皇驅山鐸也

椽笛　蔡邕避難江南宿于柯亭之館以竹爲椽邕仰盼之曰良竹也取以爲笛音聲獨絕歷代傳之（文士傳）云是東第十六根（伏滔長笛賦）桓子野吹長笛卽此

李舟笛　（國史補）李舟好事嘗得村舍烟竹截爲笛堅如鐵石以遺李謩謩吹笛稱天下第一

神女壁　漢王朗爲會稽太守其子肅隨在郡住東

齋中夜有女子從地中出自稱越王女與肅語盡
夕將曉辭别贈墨一丸是時肅方注周易多有疑
滯旦用此墨便覺才思開敏

古蹟志終

清畏堂　胡昇猷所建。昇猷歷任飲冰，清畏人知，故以堂名。嘗焚香鼓琴，讀書稽古，行文賦詩，娛二親，教兩弟。于斷其著作充棟，不自矜耀。康熙甲寅，滇黔煽亂，昇猷備兵關南，抗志不屈，羈囚數載，作十九首，自寫其憂民之憂、困窘之艱、突圍之危、戰場之險、與室家分離之慘，思

君思親之念，舍生取義之忱，皦然與日月爭光。辛亥

覲對，

朝廷嘉其節，擢大理寺少卿。所著詩文不能悉採，其十九首堪垂史冊，錄後。

漢南述懷十九首　劫灰迷宇宙條目黯銷魂嗟予逢陽九傷心安可論愁雲四郊客徙倚難圖存浩浩發長歌委頓任朝昏

其二　白髮天難老霜姿日漸頹流光已如斯大荒心成灰草疾交風違褰登崔嵬陰棧望遠雲為我壽寒梅

其三　長至陽已泰升恒山之阿陰翳薄中宵延思指天戈二氣磅礴變資始變山河物遙靡可剸龍戰風林梭傷茲載道生庠景相蹉跎繁榮良易來往追思無多

其四　神武清薄海安攘正肆夏聲教訖四方王會遵琉沙封冢沸瀛宇杖策驅車駕北堂將母憂惓溢數行下子情未忍言腸斷悲秋夜進退豈云工繁心隨日化

其五　存亡誓孤嬰跟蹌走萬巔驅馬中宵行馭失驚魂還良時不駕植秣彼心為偏驕氣養萬有厲習凌蒼烟一朝輕違騁昏谷雲迷連僕夫攬轡鞭裝健兒猶錦纏去去不復知前期討安全大義佈威生側身淚潸然

其六　桁林鳥聲哀啾荒戍廢墟大野潰亂流宵奔淡田畬雄師嚴刁斗馬蹄來何徐莫負五尺天縱橫相淪胥

〔其七〕䕫關雙槐樹岑嵂相糾分磴道涉青天榴
茫亂蒼雲側岸呑足艱下有深泥沄律律稍竹寒
谷響奔濤鬥亢旌未離險後軍呼紛紜陰氣肇零
雨淋漓颯仆紛懸車徑莫辨哀號慟蒿煮咄嗟艮
岦哀山鬼欣招尋地利胡勿思天險心如焚〔其
八〕穿壑潛鳴旆崚嶒攀青霄追奔襲散縱百道旌
旄飄勢落魂魄飛轉戰關河遙鐵鎖截金水深林
熾火熛哀哉奇一軍馬鳴何蕭蕭〔其九〕急戰海
螺沸馬驚轟雷伏竄莽拂高阜林巔先其守吁嗟
寶刀折鼓哀山前覆皎皎天日摧精氣迷白晝栢
携出众鬬交睫成分首落日渡大川奔洪浮浪走
暗谷邈高下露艸滑危岫登徑鞭策加墜飛靡先
後林壑幾杳渺白骨撑人畜傷哉欃槍憂我躬遑
恤宥　〔其十〕僕夫亦以瘁驅馬成虺隤喪亂厭日
深分首艮苦裁叮嚀重執手飄風任去來心戚聚
須臾鋒鏑驚魂開沉景暗夜壑艸木聞餘哀陟彼
萬仞崗輾轉逐卿枚義至理不違委生輕蒿萊
〔其十一〕北風何淒厲吹我薄衣裳蔦卉既已寂瞻

彼喬松霜孤根植州莽飄零天一方美人繫我思
空谷無相將憎茲畏多口中情深徬徨搖光不易
明驤首徒蒼蒼〔其十二〕高梧散繁綠疎節懷清
心葳蕤芳露揚下作鵷鶵音九苞日思返操履致
殆今風謠箕星張蚩蚩艮宵王四牡載道騑諏咨
豈徒臨〔其十三〕哀鴻棲秦嶺悵悵獨何之驚鷁
委萬里孤飛襲荒籬眷言志四方翺翔安可期蕩
轂靡近遠巢林慎安危指生仁所托浮聚總高卑
〔其十四〕秋風颺稻芒原野咸粒食乘此望有年
比戶何歎息歎息室無居止影山林棘刈穫在中
夏自春巳屠極踐踏作戰場泥犁罔心惻迂曲跌
山岡行田塗稼穡曠仰在彼蒼何時戢帝方〔其
十五〕清霜嚴鼓角天威行崩岁關西陸旗來振落
通呼吸天王荷聖明蒙寐羈臣泣求天淚滂花雪
窖魂凝血不有茹荼苦安知榮簑笠〔其十六〕羈
禽志天路雲影重徘徊徘徊安可即簇羽聯自傷
豈無絳樹枝托足尋芳菲觀滇萬里思否感發中
來懸懃謝攜手為彼高明開違羅袪不張蹩躠何

所栽〔其十七〕綠綺結同心春秋不計年聲光貫
金石響落素心前大雷震西蜀龍池開元編器重
古道敦材全今時鮮元圭潤明輝清耀誇城連冰
斷甃龍舞浪湧落花妍相將百年意結此三生緣
風雨晦蒼冥提攜愼播遷窈窕委溝壑彈指輕棄
捐聚合良有時自昔已云然翻妬艷容誨衹倜心
未旋〔其十八〕豈曰無衣若吁嗟呼食艱流離奚
偉生俛首惟蒼顏零露蔓草榮疾風奚辱菅煮字
日尚非問天憂未刪居諸息妄機元晏謌南山
〔其十九〕南望三塗雲漢嶺封愁霧衡泌舊有居湫
隔天河路自首棄丘隴遺體傷蘼蕪松楸繫我思
夢繞雙親墓寂寂故園春懷人徒朝暮朝暮柱斷
腸天涯遊子愧慰思脣予女傷心道親故輕別五
雲門何復西陵渡

任懷堂文學魏方炯所建〔左通政使司虞山虞世璎記〕大方魏先生以名節持身以理學淑世三十年始終如一日舊以任懷名堂誌不爲世情拘也今令嗣粵惠州司馬子

翀年爺敬遵先志托余姪心影屬書此額寄孝思於不朽故樂爲之記時康熙庚申秋孟上浣六日

越望亭康熙十五年知府何源濬重建亭成於重九佳節置酒高會僚屬紳士耆老卽席賦詩一觴一詠各極歡娛而散十九年知府王之賓乃踵而行之無錫鮑鼎銓長洲葉闓各有歌詠以紀其盛

〔會稽金烺越望亭登高賦幷序〕府治龍山之巔亭日望海由來遠矣歲久漸圮遺址僅存郡守何公慨斯亭之久廢捐俸鳩工甫期年而落成規模聿敞煥然一新題曰越望剏之于因之也節届重九廣集賓朋爰張讌於斯亭以北凭眺夫登高作賦大夫之才余不敏因勝會之匪易念佳節之聿登抽思揮毫遂作斯賦山以龍名形惟鳳峙亭則翬巍望昭遠邇對嘉名之昔播自茲歲而肇啓邇謠

發于蠡城頡蓬萊以無際踞郡治而稱尊壯東南之瞻視海甸于以拱環宣神洲之軒異惟斯亭之歲遠因漸傾夫基址倘久曠而莫脩孰凴欄以徙倚爰有江左豪英淮南福祉膺九重之彩藻系三何之雲裔莅浙之東爲越刺吏餙紀振綱匪止一事思海亭當郡治之巔則脩葺宜庀材以始集彼陶瓦堅茲棟宇廢者爰興墜者聿舉有堂有階亦韭亦綺繡柱爭輝雕梁競麗廣廈週臺一瞬千里緣期年之締構羗壘土而增高臨當陽兮特立矗飛甍兮重霄紛華蓋以崇峯薄青雲而上交將崑崙之可接或玄圃之相邀俯十洲兮凌百谷冠八山兮曠九皐爾乃亭方落成重九司令節與亭符良辰最稱緊我刺史弘開三徑大會同人共登隹勝于是度松蘿穿石磴歷層巒陟峻嶺追龍山聚飲之歡嗣曲水流觴之盛登斯亭也側身四望秋光明媚瓊樹環霞奇峯疊翠鷺影濛濛鳥聲噦噦山容似洗客顏如醉目曠心怡興餘神會至若城如襟帶衆川流宕居址繡錯都治萬狀稽隴兮金

鋪菱湖兮翠瀁恍漁笛兮遥吹雙蓮歌兮遠唱日浴火齊之珠楓染丹砂之嶂況夫紫翠繽紛花景妍芳濃者深綠淡者淺黃鏖紫萸乎巖之際映蘋蓼兮澗之旁烟霧吐吞鷗鶴低昂看沙堤兮有韻知流水兮能香爾其日色融開晴嵐炳曜百壑千丘四方一照竹寒松勁兮各形其峭山紫潭清兮所見實皎可以發浩歌良足舒長嘯維臥龍之勝會兮造亭際以凝眸當無射之屆期兮兼重陽之忽周霜抱樹而擁柯兮風拂林以藏鳩既黃花之笑冷兮亦自羽之驚秋撫時序之遞邁兮盍命駕以悠悠伊使君之清超兮張高讌而同遊景落帽之遺踪兮想戲馬之英猷屏朱轓而登陟兮屆黃綴以爨猶接賓僚之滿座兮暢絲竹之清謳霏玉屑于樽前兮致繾綣以綢繆念鄙人之伏處兮鮮江洲之勸酬學陶令之東籬兮徒種菊以寫憂忽躬承夫良宴兮挹水部之風流感令德之孔彰兮愧題糕以進籌因逍遥以永日兮復奚累而奚求然則登斯亭也主賓交洽雍雅相將寧僅效連騎

紹騶耀羽誇裴藉草飛花轢宮論商而已乎又豈
同竹林之七賢落落猖狂溪邊之六逸寥寥舉觴
而已哉彷彿西園兮萃集依稀洛水兮翱翔遠勝
乎冷泉之上迴超乎湧翠之陽且也使君風度已
豁襄王諸賓才學豈鮮班揚又況越之人士登斯
亭乃寄託越之羣黎登斯亭而瞻躍則試因凭眺
斯亭之高而莫不頌使君之山高兮水清名高兮
品卓德高兮民熙熙仕高兮神漠漠殆渝合乎亭
之燕喜而堪羨夫亭之豐樂于也追隨後塵心馳
說豫看萬象之秋空俯百川之東注羨霧變兮鱗
遊欣龍蟠兮鳳峙登斯亭兮色飛望吾越兮情聚
所恨乏文通五色之管遜子安九月之句徒目盼
兮盤桓信徘徊而不能去〔郡守何源濬詩〕爽氣
初開天地青煥然非復舊荒亭遙看萬壑如層浪
細擷千巖似翠屏野外烟雲飛殿閣林間鳥雀集
沙汀臨岐賦別秋光暮鴻雁聲悲不可聽〔山陰
邑宰高登先詩〕越山峻聳俯層霄越水紆徐入澗
遙八百湖光環碧嶠千年臺榭對江濤濤聲湧日

瀛晴波烟消海晏唱凄歌內史高風王逸少流傳
詠閣望蓬萊南望天姥峯東望曹娥渡黃絹當年
江上碑洞天紫氣東南路百千下吏會山亭一一
軒窻望玉京亭畔洪祠蔭萬頃春風露雨洽羣情
偏屬車塵憐細草恩膏湛溢奏歌聲〔邑宰景融
詩〕飛翼凌空踞上巔雄圖霸業事千年屏開入嶺
雲迎戶帶繞三江水接天粉堞新甃連海嶠畫樓
蕭鼓起龍眠崚峋翠壁崇新構知是人間紫府仙
〔姜希轍詩〕鑫城山勢臥龍尊極眺通天及海門
重構越亭連北極占來霸業長東落登高喜共茱
萸醉惜別愁看木葉翻爲報風流賢太守峴山今
日未會談〔朱禹錫詩〕風流太守集嘉賓此日登
臨氣色新萬戶寒香開令節一亭秋爽應芳辰雲
連孤島鯨鯢靜水近高城鳧鴈親斗酒莫辭同繾
綣萸囊欲贈最傷神〔朱阜詩〕使君流越有餘閒
正事登臨圖畫間偏喜名亭成九日却開高讌合
龍山千章紫菊宜黃髮一路丹楓夾翠顏誰說永
和留勝跡風流交映更誰攀〔盛振英詩〕龍山勝

串詎能繼太守賢豪迴不羣百尺層臺窺海色千
峯郡閣入秋雲還須作賦酬歡讌更聽笙歌奏夕
曛竹葉共傾客未散攀轅父老自紛紜〔駱賓王
詩〕九日登高節十秋戲馬臺佳人窮野望良宴集
名才霜雁連翩至寒花次第開那堪縈別緒簫鼓
使君回〔鮑鼎銓詩〕重陽高會海雲寬太守筵開
盡得歡天上樓臺新翰墨花前歌舞舊衣冠風廻
龍嶺霞光滯水落錢塘雁影寒薄暮追陪歸騎緩
鐙湖纖月好同看〔葉闇詩〕飛翼亭中越望寬一
時彥會盍交歡文章地主推牛耳湖海天容老鷗
冠楓樹迎霜延客醉秋雲入座照杯寒不須遠卜
明年健青眼逢君邂逅看〔王穀韋詩〕君送日
九愁寬五馬淹留盡日歡有客頻傾碧玉盞無人
不倒鹿皮冠于巖木落猿聲急萬壑霜清雁影寒
擅飲不知山色暝
黄花偏耐醉中看
〔蘭亭〕康熙十二年知府許弘勳重建文學虞卿力

高宗純皇帝御製詩（詠蘭亭）山陰鏡裏行清游，[illegible]悵平生風華。自昔稱佳地，觴詠於今紀勝名。竹重表[illegible]偏濬蕩花，連禊日尚專[illegible]臨池[illegible]詩社。跳法聚訟千秋不易評。（又叒詠皇祖撫帖御筆）直傳貫操戈互詆攻，聖多能以不同同右軍設。使瞻仙藻空早，傾心拜下風。（又禊詠七絶四首）竹逕逶迤勝[illegible]景，不思晉永和崇山[illegible]，真見綠嵯峨斯人不[illegible]，稱清談輩慕高風有足多，[illegible]論賢未足[illegible]。

董其任，俾千古勝蹟煥然復新。

國朝會稽姜希轍重建蘭亭碑記

三韓許公來守我越，政治有聲，慶豐登，舉廢事。三月上巳[illegible]歌之。公以襄惟之便，流覽古志，求所謂蘭亭者而[illegible]滸焉。俯仰遺墟，慨然興起，搪林庀事，斯亭復完。亭成，歲在癸丑，適同永和禊飲之年，時人異焉，屬[illegible]其事而勒之于石。竊惟先王建置，列辟嘉與，庶[illegible]君各謹侯度，雖有台荒之戒，而其國中臺池[illegible]則未嘗廢。考其遺制，必擇勝地而營之，爲民上以勞勸而通志氣，兼與賢士大夫從容[illegible]俎之間，問俗民，增廣見聞，非特遊觀而已。故[illegible]有觀臺，有榭有寢，楚有章華，典冊所載，三代之流風餘韻，未之有改也。典午之東，右軍將軍王羲之爲會稽內史，尚有蘭亭觴詠之樂，當時同遊若謝安之屬，皆以高譚曠遠，坐致折衝，論者咸稱羲之具濟世才，未竟其用，意謂是歟。所由與秦漢二千石專尚武健、刻深佗佗、簿書鞅掌皇之上者，雅俗殊矣。今公才侔王謝，而修永和之蹟，豈特年廢緒歸然復興蔣繼古人學道愛人之美于斯亭先見之自公成斯亭一年而有萑苻之警公諱咲却之不興安石之在淮淝也然則百世之後登斯亭者其慨慕我公與公今之慨慕右軍其風流邈往又何如哉轍雖不敏其可無辭以述之爲前序之績乎

〔山陰〕唐炌重建蘭亭記

康熙丙辰季春上巳余偕胡子尊九姜子汝臯謝子紫簡朱子子奕林子汝晦金子雪洲陳子佑存朱子晨馭泛舟之蘭亭相與尋修禊之故事邈永和之遺風笑語流連觥籌交錯致足樂也余曰諸君子知今日之樂而抑知所以樂其樂者乎憶甲寅之歲寇環于疆民苶于野羽書絡繹矢石交加壯者流離于道路老稺凍餓于牖中城闉之外惟見介馬而馳荷戈而走當其時民有室廬誰能保之民有妻子誰能全之方將虞困苦之不暇禍患之相從而何有於臺榭池觀之是樂如所謂蘭亭者況今之蘭亭久廢脩葺一椽一楹已等之于荒烟蔓艸欲求夫當年之流觴曲水清流激湍而已杳乎不可復

得後之人其能探昔日之遺址繼當年之餘韻者哉且寇氛未靖八邑之黎庶淪湯火而未登于衽席惟我郡侯許許公一似重有所憂者公以燕山德鳳遊左人龍于癸丑歲來守越疆政通人和蓮穎川而軼渤海國已四民樂業萬户垂麻乃雀苻告警潢池盜弄非公之克宣猷畧戢武事于文備定折衝于樽俎其能再致奠安而令數百萬之蒸黎室廬如故妻兒重聚者哉則今之海不揚波野無伏莽秦望山前泛琴樽以永日越王臺畔栽花栁以舒春惟公之深仁厚德偉績豐功故克易危而爲安去亂而爲治者不然何以致此也耶則顧瞻登臨俯仰徘徊之餘殆不勝感慨係之矣因思我公之重建斯亭覺峻嶺崇山爲之生色茂林修竹爲之改觀我公一似重有所樂而使右軍之遺蹟未泯勝景如昨俾後之群賢少長遊目騁懷豈不盛哉則今之獲登斯亭而因想人世之内憂樂無常益念公之簡宣吾越其錫恩膏而敷愷惠者殆與蘭亭而並永也且董是役者吾友文學虞子

咨牧欣然樂任俾丹楹畫棟聿紛五采之華曲檻廻欄不俟三年之巧烟老紫翠于于山雲影繚繞于萬壑誇氣象之增勝騁景物之倏新不其相與有成同得益彰而虞子之雅韻深情殆垂諸千載自有不可泯滅也哉諸君子曰唯唯是不可以無紀〔知府許弘勳詩〕經歲干戈亂蘭亭繼自新盛衰空自惜感慨向誰陳山水私吾輩詩文繼晉人興來歌欲暮醉去酒忘巡舉世爭崇誕羣賢樂有眞從茲遊越者復挹永和春〔姜希轍詩〕晴暉照曲水佳構正維新初筵置高會觴詠紛然陳山雲落几席花鳥來親人我侯順時令覽古重遊巡賓僚儼在側暇豫陶天眞惠風暢百物頌言娛上春〔虞卿詩〕干戈甫定後山川此日新廢典俱有數憂樂自堪陳觴詠當修禊風流邁昔人桃花何爛熳鳥韻郝逡巡形骸空宇宙情性樂天眞鴻恩同覆載鏡水再生春〔錢文廣詩〕晴日山陰道朋登一葉舟往來叢菊岸去住蓼花洲風浪天邊笛月明波上鈎深山同太古遠水及新秋疎竹千年秀

長林萬壑幽尋碑摹舊碣禊酒對清流鳥語溪前樹鐘聲寺外樓昔年留勝寺此地接嶽心有烟霞癖人多王謝儔相將吟麗句聊以寄閒休〔吳沐詩〕衣冠開晋代山水擅蘭亭萬壑春翻白千峯上巳青橋横唧畫舫野澗送脩翎揮麈談方接行歌響轉停花叢留蛺蝶荇簇趁蜻蜓玉砌圍紅藥瑚觴泛緑萍光風披曲檻淑氣轉前汀竹下爭書薤松間有負苓遥山疑帶雨歸路欲侵星修禊依然在何時好製銘

〔兼山亭〕康熙十九年知府王之賓蒞任越郡二十年夏捐貲重建二十一年季春上巳亭成偕僚屬同知避安通判楊彩山陰縣知縣范其鑄會稽縣知縣王元臣鄉大夫姜希轍周襄緒金煜王縠章

置酒高會商榷吏治周洛民隱不徒嘯傲湖山者

樂一時邦士庶交頌其美以爲勝事山陰縣知縣范其鑄重脩

〔余山亭記〕康熙庚申春郡侯王公朱轓皂蓋來守越邦舉凡政之有裨於士民爲之立綱陳紀振衰起弊百度聿新風俗丕變八邑之人咸知有更生之慶而共沐公之德化於無疆也因於蒞治之餘殷然復古思郡城之內介處西北載山之巔有亭翼然先賢所建今僅留其遺跡而榱桷棟楹無復有存焉者公於是愀然念之以爲故老相傳茲亭有係於文明之運學校振興俊乂華出科名接踵代不乏人而乃傾圮久廢殆非所以明教化歌譽髦此守土者之責而亦爲此邦士大夫之羞爰於辛酉夏先爲捐貲以示倡率庀材鳩工塗塈飾墉越明年季春上巳而亭於是乎告成顏其名曰余山亭甚盛舉也昔之亭等於蔓艸零露今之亭槩爲鳥革翬飛于以望江山之秀麗聯民庶之殷繁

不僅快心意娛耳目以爲登臨適觀者哉吾思公甫下車輙網羅名彦而拔最者更爲都人士所推許且是亭之建適届賓興登賢書捷南宫列中秘者指不勝屈皆我公樂育人才之至意爲能相與以有成也猗歟休哉廻顧四境之中萑苻靖息桴鼓不驚賣刀買犢桑麻遍野相率雍和共安樂利偃游爲太平之民者而不知誰之功夫於越爲霸國之餘業生聚教訓不難沼强吳而雄天下然則登斯亭也念霸圖之猶在景先烈之可思烟火萬家閭里相錯瘡痍未起今則甦之流離未復今則歸之汙萊未闢今則除之禾稼未成今則藝之追踪渤海繼美潁川而俾召父杜母之歌洋溢于龍山鑑水浣汀天姥之間豈不盛哉夫郡城八山山陰則居其六昔郡守何公有越望亭之修而郭外之蘭亭處千巖萬壑間許公于是而增葺之俾曲水流觴風景宛在則是役也有關文教不後來居上哉

〔文學楊詡重修兼山亭記〕繞越皆山也而郭内之山得名者八其秀挺於城闉而鬱然可望者

惟三山爲最臥龍居其中以爲鎮府治在焉其西南則東武相傳自瑯琊飛來者前人作屠浮以壓之其東北則蕺山越王採蕺之所也勢與東武前後相望若臥龍之左右翼者然蕺山故舊有亭據其山之巔左湖而右海波濤萬頃一望無際人烟出樹杪間縷縷可數亦越中一大觀也兵燹以來蕩爲牧馬場登臨者每爲浩歎太守王公守郡之三年士樂民和勝事聿興與僚佐賓客飲酒於臥龍之越望亭而北望焉曰是所謂蕺山也臥龍之左蔽也不亭胡稱卽日造其巔得故址焉去其瓦礫繼以登築民不勞財不費一月而斯亭告成以其在城之東北也取艮之方而名之曰兼山噫是可稱也已夫昔人之爲此亭也非徒以恣遊覽也亦以山水者天地自然之靈秀鍾於物而及於人而人事之繼起乃所以助其靈秀之所不及而使其靈秀之鍾於物而及於人者有加而無已也昔亭之創也越中名賢相繼輩出事業文章炳炳麟麟輝映于後先自茲亭之廢而人才散失功業卑

璵有不堪言者則茲亭之建其大有造於吾越非淺鮮也是安可以不書癸亥二月望會稽楊詡記

〔郡守王之賓詩〕山亭重見舊時華此日遙空四望賒一片烟光浮睥睨萬家雨色遍桑麻楹前新語春風燕簷外仍啼月夜鴉莫道春泉成往事當年采蕺至今誇

〔邑宰范共鑄詩〕一亭高峙冠東華此際登山興轉賒雲滿千家迷雉堞風吹萬戶漾桑麻雕梁新構承朝日畫棟重開噪晚鴉越國千巖仍在望風流刺史蹟堪誇

〔會稽邑宰王元臣詩〕逶迤山勢接朱華萬疊芙蓉極目賒此日亭臺開蔓艸舊時城郭種桑麻雕梁落月巢歸鶴朱栱浮雲帶晚鴉內史只今誰得似蓬萊仙吏事爭誇

〔山陰教諭王世耀詩〕巍峩高峙北城隈採蕺相傳內史臺日映榱題臨鑑曲尺眠宮闕見蓬萊波瀠萬派雲霞竄嶂列千峯錦繡堆漁唱菱歌隨處有凌風飄渺獨徘徊

〔山陰司訓陳一范詩〕畫棟雕欄氣象妍越城秀色滿晴川笙歌半出浮雲外烟雨全收落照前覇業千年餘鳥韻勝遊今日籍花眠

中亭倚檻閒凭眺身入蓬萊不羨仙〔會稽教諭丁世鴻詩〕萬壑千巖恣卧遊一亭高峙越天秋珠簾夜許浮雲宿海氣朝從畫檻收采蕺不須悲灌莽傷工何幸挹風流登臨奎壁常相近爲乞公名鎸上頭〔會稽司訓唐彪詩〕蕺亭直峙使君遊畫棟巍峩起越州烟雨城頭迷翠靄湖山鏡裏入新秋當年剩有珠林石此地曾經彩筆浮何幸追隨分講席右軍猶見舊風流〔陸韜詩〕北城秀出湧嵳峩萬壑烟巒疊翠波閒踏山花入野寺漫尋古刹坐烟蘿鳥啼春晝憐芳樹舟泛斜陽隱綠蓑逸少風流今亦昔遊人宛轉正思多〔胡濬詩〕獨上山亭懷采蕺古樹秋風向暮急壓岸寒雲極望平隔江曉翠飛來溼曉翠滄茫海氣賒孤城落日萬人斜越宮舊有如花女留得菱歌肅若耶〔沈楙詩〕山椒遺構久飄零采蕺重看峙此亭九月江城秋雨綠千家砧杵暮天青鏡湖波瀲浮蘭葉秦駐峯高列翠屏舊宅猶傳王內史焚香吾擬讀黃庭〔朱遠詩〕亭高山益起不與衆峯齊危棟騫雲上

長檐掛日西爐峯供几案海氣帶虹霓兎顛蒼苔跡魚池墨浪低黃庭經寫未下見浴鵝谿

戢里書院　戢山麓有戒珠寺爲晉王右軍捨宅所建左都劉宗周居山之左中丞徐如翰居山之陽與宗周交參魏忠賢故名雙忠里山半中丞建書院名淇園與宗周會講於此

陽和書院　在龍山之陽與稽　書院上下相望張宮諭元忭同朱賡　萬化讀書其中時有與璐三人狀元宰輔世稱盛事堂曰觀文爲子孫會業之所

榴花書屋　在大雲坊觀仁里大乘菴之東徐渭文長所降生處石砌中有大安石榴一本花甚爛熳結實纍纍墻上藤蘿蔓延月影雲光頗稱幽趣下有一方池植以荷花夏月清香涼風沁人旁則澄暎堂堦下桂樹一大本枝葉鬱葱花開香聞數里遊人競賞詩咏倡和不絕

陳綎詩　文長負奇氣卓犖抱異才縱橫擅翰墨揮霍走風雷文字超羈勒一洗絕塵埃鬱鬱不得志托興聊卿

杯懷想昔遊地延佇多徘徊灼灼櫻火燃碧嶂倚
庭開年年看花發燦爛錦繡堆青巖豈逢逝矣歸
猶追陪〔唐彪詩〕風流文采迴清塵記室才名更
絕倫白旄會邀丹闕重青藤猶剩彩毫新偏將斗
酒埋奇士轉覺飄蓬出俊人此日徘徊瞻故里榴
開爛熳集花茵〔錢登穀詩〕曲巷通精舍名賢舊
里存海榴經燕掠蘿薜任風翻金谷跡無覓蘭亭
勝尚喧文章業千古漫作智囊論〔又〕歲久詩書
屋文章自不磨一廛楊子宅半畝郤生窩榴發紅
依舊蘿深綠較多瀰洄人不見啼鳥自相歌〔余
縉詩〕竹牕幽雨日瀟瀟上有紅榴艷未銷獨臥空
齋無個事一聲鶯語爲芭蕉〔邢振綸詩〕誰道文
長筆有神龍山秀氣樹成珍石家醋醋渾無賴萬
顆明珠第一人

〔青藤書屋〕在大乘菴之西徐渭肄業處也青藤老
幹參天蒼翏拔地離奇光怪莫可名狀
渭自號謂青藤道人迄今數百載根圍屈曲大如
虬松北屋今爲施堯佐所居文學董瑒題曰漱藤

阿旁有天池渭題刻於池中石柱曰砥柱中流曰
天漢分源曰自在宕左右二聯曰一池金玉如如
化滿眼青黃色色眞又曰未必玄關別名教須知
書戸孕江山池中盛暑不涸疑有神異渭又自號
謂天池山人

文學陸綰青藤書屋賦鑑水之東
龍山之側投醪在南峨眉在北天池故居有藤翼
翼如棟如梁滋生蕃植吾聞人統物性物爲人豢
時分晦朔蓂莢記庭人殊聖僞屈軼指亭覩尼山
之手澤瞻檜樹之常青傳維摩之說法散化雨之
飄零感馮生之庶類豈草木之無馨若夫闕號芙
各蹊名桃李梅挺孤峯荷標濂水贈芍志美于詩
人釆蘭遺唫于屈子京兆走馬于章臺太學環觀
于槐市漢宮崇巍于栢梁輞水淪漣于竹里每緣
撫景以流連因之寄情于物美爾乃春和鼓勁枝
葉鮮妍芳叢鬱鬱秀茁翩翩離奇天矯屈曲纏綿
欺霜傲雪聳壑淩烟似驪龍之奮翮若蒼虬之摩
天詰循橋之古訓非絲蘿之附焉時當臨川臨軒
清風涼腋列座觥籌對之而適亦或寒雨縱橫驚

話舊鄭恍惚有神深思面壁雖百年之久追想才人之辟易奚必海上之三珠始足輝煌于昊卅
山陰邑侯范其鑄〔詩〕爰知城郭勝巖阿綠樹盤根翠色多澹澹雲光迎峻閣溶溶月色映寺柯每從斗酒談遺事遙憶山人發浩歌輞水藍田誰嗣響千年屋角罩藤蘿〔胡士章詩〕青衫垂老寄巖阿散酒籠鵝問字多一代人文歸孺子百年風雨落庭柯香傳屋漏藏眞帖曲譜神絃發浩歌回首隴西知巳在石欄新水映藤蘿〔朱世衍詩〕山人別業在巖阿策杖欣看景色多綠水寒光涵碧落青藤引影拂枝柯奇文自足空時俗高興由來寡和歌此地風流堪髣髴不須寂寞歎荒蘿〔黃宗羲詩〕文長曾自號青藤青藤今在城隅處離奇輪菌歲月長猶見當年讀書意憶昔元美主文盟一捧珠盤同受記七子五子廣且續不放他人一頭地踽踽窮巷一老生崛起不肯從世議破帽青衫拜孝陵科名藝苑皆失位叔考院本供排場伯良紅閨咏麗事爺子亦可長黄池不救師門之顛頓豈

知文章有定價未及百年見眞僞光芒夜半驚鬼
神郎無中郎竝肯墜余嘗山行入深谷如此青藤
亦累累此藤苟不遇文長籬落糞土誰人覩斯世
乃忍棄文長文長不忍一藤棄吾友勝吉加護持
還見文章如昔比〔董瑒詩〕越王城中有名蹟種
山東下怪山北憑橋社古神最靈墻西舊是山人
宅山人名渭厥姓徐詩字文畫世競趨有雙白鹿
獻天子前後二表皆曰俞當年作者尚粉藻史漢
兒孫轉相藐有人高踞白華樓一見其文便頓劒
海內于今誦二川山人品次相後先猶有隨聲拾
餘慧杜詩韓集同棄捐茲藤盤屈連書屋旁有方
池出亭腹山人已去色尚青社上題詞最堪讀自
古名賢不易逢青藤留得山人蹤不知輞水藍田
業可許王裴賦咏重〔陳捷詩〕池上青藤鬱古色
夭矯如龍卧峭壁抹月批風別有神鐵骨不受冰
霜抑婆娑此地幾經秋遺留半是文長蹟文長未
生藤已老文長去後藤如昔根盤百丈枝葉繁朝
朝暮暮芸牕側勁幹叢同靡草腐折節亦異孤桐

直置身才與不才間樵柯巨斧何由偪主人護惜勝芝之蘭時依疎條揮翰墨良辰好友過齋頭銜杯對爾三歎息灼灼新花無處無不朽如斯豈易得

［姜公銓詩］屈曲虬龍絲凌霜帶雪青小池魚沫水古樹鳥留亭遺跡昔年花餘音此日聽文人靈氣見髣髴對前型

［金埴詩］青藤數十丈蒼勁似虬龍矯矯凌天漢袅袅若有松臨池思墨妙荊字識奇鋒坐久令人慕才人未可逢

怪山書屋　去縣南二里虞衡周襄緒別業［文學董瑒怪山書屋記］州城之山兀而峙者曰臥龍曰蕺曰怪昔顯於越君臣句踐文范皆嗣是而蕺以王內史別止著本傳謂書姥竹扇人競賞之此在蕺山事也臥龍以元觀察州宅名四面嘗時對屏嶂一家終日在樓臺此臥龍詩也昔怪山則以許玄度來何暮之歌傳蓋昔聞玄度宅門對會稽峯其室也此則其棲遲地也自此徐定公季海食封于郡垂老投林所謂高閣無恢炙永願依勝侶詠其句知其

概矣後此陳山人海樵以詩名當世徐青藤云東樵瀕游風於茲焉息駕山人亦晚而考槃於是余思茲山自東武飛來其與四時也幾千而巔乃繼少伯以繫此山者僅此數人而此數人或閱數百禩而見或閱千餘禩而見山與人相遭不易如此玄度與內史支公漁弋山水言詠屬文見謝文靖傳劉眞長曰清風明月恨無玄度嘗與內史共嘆眞長見內史傳王子安亦以玄度風月比于逸少池亭志又稱支通一義許送一難王許支許世並稱之足禮此山矣王梅溪於十峯雙澗閒次詩文作者以季海亞泰和而前元白短李風規固不減可詠也而北郡同時有周黃門定齋先生者其詩文音激發而識高邁北郡寓書褒之而於海樵則輒遺以山人手持雲錦詞白日過我生虹蜺之句不啻燕公於喜雨五色鴿賦矣林泉窟宅其必於翹首謝時文章冠代之人哉琴山先生克紹黃門訓著而買得山人之山其玄度復來耶則覆其亭曰明月清風我並裹季海也則署之曰許詢初有

造徐浩久相依其存山人之舊也則培清嘯之臺而欄之閣倒屣之坡而樹之雄飛亦來茲山也王理得詩曰元度存遺蹟玄英有舊詩是殆以雄飛配玄度矣王脩竹曰堪歎玄英後詩名竟寂寥是又以雄飛之詩稱首也閣之以枕雲而牀下雲溪枕上看之句乃傑然耳所云靈越得奇峯斯爲眞得乎乃琴山先生又謂放情丘壑非第如彥倫之緣葵紫蓼也何子季四巖起含志在疆學笠澤漁父壘書成巢非獨遺日爰考宋守希舜蔣公詩有云不謂山之足下落言偃室知是騫翥時於茲墮巖石又云巾屨日可賞琴樽雅成餙於是築堂而額以尊雅復取文成面面晴峯雲外出迢迢白水鏡中開句咏之謂二語可以囊括公垂諸人且足壓倒元白接武玄英抑亦存餘碧意也若琴山先生蓄將淩高陽少師鳴野而上之矣其諸屋中勝槩則詳所自爲記

〔南華館〕在縣城南三里明冏卿張天復建（會稽訓導唐彪

重遊南華館記康熙辛亥年　天子允大司成之請以國子生稀命每縣選年少俊才以實之明年壬子督學使者劉以棘闈迫期不得遍歷郡於科試越郡時檄他郡之士就越校試以應　天子之命時蘭谿與試者三十五人予時在其列會予弟驥爲山陰令高公登先之門人先在越中予至即偕予晉謁次日高公設一筵以饋予予命弟驥增五筵以餉同試者于是呼船載酒尋芳選勝而至南華館中徘徊瞻眺左行右步三十五人無不心醉神迷樂不忍去夫天下之園亭衆矣寬大者未必能整齊整齊者未必能曲折曲折者未必能精工精工者未必能離合變化而無不自然若南華館則兼有之問其造之者爲誰則曰張狀元諱元忭也其二子則臺臣也其素封也可知然亦難其不惜費耳凡一亭一池一軒一閣一徑一欄一石一卉安置失宜必數易之模製不嘉必數易之琢磨未工必數易之易之數四必極其工極其嘉極其宜而後止吾意神霄碧落閬苑瀛洲宜無過

此者自斯以後余身雖在薊北歲歲神遊其間然吾烏知天下事有成者必敗而佳境恒爲造物者忌不克久留於人世也康熙二十二年余承銓司鐸會稽至則即欲與遊以炎暑正驕不適所題屢以問人則曰不足遊矣余言其妄則曰勿以吾言僞也至則當自知之秋七月將盡急與成子錫文往遊乃信人言不謬而世事之變遷無定正如浮雲倏忽誠足歎也將昔之詳美畢備者果如故乎而大不然矣摧頹而零落者往往而是泥塗而炭畫者往往而是嘉樹之斧斤而伐嘉石之盜竊而去者又無不往往而是嗚呼不十二年而瞬息改移若此將天下事其復可問乎爲之三復流涕喟然歎曰今而後身外之物皆宜作如是觀文

學章壁南華館觀荷詩蕭風來盛夏佳氣散郊蕪乘閑理桂棹選勝城南隅山庄暫憩息俯仰足清娛短垣出遠岫築石俯平湖芙蕖逞艷色臨池與不孤翠蓋迎朝日紅粧點露珠田田彌一望蘆葦雜新蒲波光時蕩漾紫莖聚遊鳧夙眺濠上觀蒙

莊是吾徒撫景深感歎陶情酒一盂月影下林麓
四野鳴聽鵲安得覲晨夕無勞念彼姝

梅林庄離縣西五十里明錦衣衛僉事朱兆憲別業庄內樓臺池沼選勝一時兆憲暇日駕艇偕祁豸佳金廷部魯集祁端逍遙其中互相吟咏日督諸孫世德世慶世衍世徵肄課讀不輟今供遊庠兆憲妻周恭人克賦併隱及卒厝於此庄子官生用調盧三年媳祁德芷考授北科熊佳女與用調同志能詩女德蓉有孝行適少傳祁世培次子班孫雅好篇章與德芷共爲倡和所著有調雪齋詩集行世梁溪鄒漪稱其麗情溢藻能發胸中奇秀有骨有韻有色有香殆非一時閨閣所能比肩云

今是園在昌安坊去縣治東北五里都御史劉宗周今是園記崇禎十五年大方伯淇瞻邢先生歸老於鄉日以讀書課子爲事乃於蕺山之東因其地勢營學一

蘆芙問高者有閣曰冬青文公震孟所題也軒曰
秋水陳公繼儒所鑒也徐公渭名其亭曰奎璧之
精余公煌名其堂曰三益爾倪公元璐又曰聽嚶
處取求友意也下者爲池城負於蕺因名以濠意
材而辭古取乎自然之致也池左有樓樓以船名
若舟之附水是也而統名其園曰今是殆以是其
今者非其昨乎園之側若僧室若道廬若書院經
營者相接而莫與今是園比蓋登高則環覩千峯
眺望全越臨流則魚躍清漣荷香滿室四時有奇
花異草桃柳交媚梅菊爭妍又其餘韻者矣至若
修竹千竿喬松數十樹秋風夜月時濤音驟至竹
影蕭疏幾令人危坐不安也余與先生居相邇年
相若志相合稍暇輒往過之留連不能去間或終
夜相對譙鼓驚人晨鐘徹耳猶談心亹亹不倦月
之三日集當事搢紳士民講學於此故其子錫祥
謂皆從余學先生不厭余往來之頻余亦樂其園
幽深靜遠雖混居城市之中而實擅山林之佳勝
者也嗟乎蠡城之內藏八山而蕺在其北與卧龍

鼎峙爾最煞卧龍勝地屬府署者過半其餘高者險惡下者雜遝難居又無先生其人終老其閒而彰又得令是圖以重將古所謂地以人傳人以地著者是耶非耶爰刻石以記

百梅園　逸士劉雪湖所植也在城南盛塘之麓雪湖名世儒與陳海樵沈雪廳徐文長爲越州四友亦仕有官職棄官而留心字學凡筆墨所構皆極盡古人之致益藩震寰師禮之歸老林壑不治生產性嗜畫寫梅花搆三椽五壁皆妙染中則題曰萬斛陽春益藩書一額曰雪湖遺蹟子孫應龍輩迄今居之俱以文字書畫知名而恪奉雪湖之教樂道安貧不應制舉云

怡園　明經盛禹洲別業在城南玉帶泉之西竹木叢密澄流環繞高峯入座蒼翠欲滴搆小亭曰縱目建一艇閣烟雨雲山延名宿諸君子講學課業於其中子孫振英輩克承其志時爲葺理以保存之

古城　離常禧門五十里在鑑湖之側相傳錢武肅王鏐發蹟處也有大王井係武肅手鑿深不滿三尺味甘色白每逢踏旱其水愈盈遠近賴之有大王坂有城隍廟有墻山有西溪多梅竹有址

鳳橋　武肅時鳳凰集故名

古琵琶井　在軒亭口湮沒已久順治十七年冬大火而井始出會稽庠生姚奕捐買爲義井市民賴之

冷然池　在蕺山左麓池北爲三范祠池南舊有閣即以冷然名與蕺山劉宗周宅比宗周退居輒過此講論不輟門人親侍者樂居之間取師說共爲闡繹四方問學者亦多就焉　文學董瑒詩聚龔奠可鼓小叩亦能鳴凡

合一言盡何須三問明白鬚猶貧笈黃髮是宗盟范老祠堂下何殊南嶽行胄裔東張采至舉學而時習之一章作三問宗周以只是學而時習之一語作三答采年四十餘鬚莖巳白

凝碧池在府城隍廟內張冲龢鐫池名於石碑

徐渭故宅在大雲坊邑人金蘭於崇禎癸酉歲長全建碑鐫曰明徐文長先生故里碑立大乘菴

潘集故宅集係布衣宅在縣東二里與徐渭宅北

遂安堂在縣西二里國子學錄朱文淵遂安堂記友人劉謹惟勤顏其奉親之堂曰遂安移書滑臺求予以爲之記且曰謹先人在日嘗僑寓于外不得侍奉使謹日夕不寧厥後安居鄉里始得以遂謹安安之心乃自號遂安處士而復以名其堂云嗟夫惟勤其亦可謂孝且賢

矣不然何以知安親之安以爲安也凡人生于世父子居五倫之首而親親之道首重焉子之於親誰不欲養之以安也有不得養之以安者昔人或勤於王事或勞於行役與陟岵之思起望雲之念以伸想望之意後人往往取之以爲美談形諸文辭以表思念之心今惟勤則不然向之與步也不得侍養惟欲躬行溫盧清室以盡其奉晨昏定省以服其勞未嘗傾刻少忘于懷迨父安居鄉里出則扶板輿樂于田園入則聞詩禮誨于家庭兄弟子姓友悌相與奉觴戲綵衣歡笑于一堂之上以娛其親享其子孫樂其居處安其身心如此惟勤庶得安安以遂其心焉豈陟岵望雲之可及哉予與惟勤平日交好深知其心若以惟勤以遂安自處非知惟勤者也義易有言君子終日乾乾書曰周公以無逸爲戒詩云君子居無求安皆以勤曰厲何嘗以安逸爲可遂乎今以安爲可遂者非親而何哉予因之有感予雖竊祿于茲安親之道蚤年不幸甚有缺焉何忍于言以記其堂雖然予

重惟勤名堂之意將以久歲月而傳于孫爲可無一言以勵其志尚冀爲劉氏之裔者朝誦暮讀交養乃心繼繼繩繩登斯堂覽斯文則孝敬之心必油然而生矣是爲記

閟桑堂在縣西三里太史朱皐閟桑堂記閟桑堂者劉公諱世賜字北生所隱居讀書處也公孝友頴敏綜貫六籍爲世名儒伯父念臺公尤器重之及貢例應仕遂有遺世想急辭去于龍山西北搆屋數楹築堂于前顏曰閟桑蓋取桑者閟閟之義也棟宇樸素無黝堊之飾聚書數萬卷日夕討論于中每花晨月夕勝友時至則攜琴樽于堂之後圃或坐修篁內奏清商或對花引飲賦詩見志堂側隙地蒔諸藥艸護以短楯餘皆環植女桑春日載陽則老幹新條婆娑掩映紛披於藥欄竹徑間公於讀書之暇抱甕以灌倦則退涼颸於樹下歌聲出金石有遯世無悶之概因自號圃餘子當世名公鉅卿遡風遐企爭欲望見不可得然有以詩古文及臨池干者輒應之以

故堂外剝啄之聲日相接也門臨一水如帶時經斫中流往往水成壘色益高不絕倚又如此公書以一聯榜于堂之左右曰農桑倦矣且了却衆種殘書任地頭上星霜但願無疾無非無辱鼠口佳哉斯聯弄諸般藥艸亦是山中經濟何須立言立德立功觀此亦可見公之風槩矣所著書百二十餘卷曰軍徼集兵廳論圖餘洽聞記元考才子贊[illegible]集鑒古衡今俱成碩論其儲諭集及文集等亦[illegible]卓越可以傳後今皆藏於斯堂公嗣子文學[illegible]耜達博洽善屬文襟期冲逸精研濂洛關閩之學不屑屑於當世務可謂能善承先志者則登斯堂也顧名思義而燕貽繩武將流芳於世世不絕云

秋水堂　離縣治三里文學徐沁建沁編給事言著作殷富自紀讀書錄始自二十以內迄於癸亥垂四十年不下數萬卷所著有蘇長公外紀新編二十四卷楚辭芳

艸詩一卷文長經解十五卷歷朝名家文鈔五十卷余少保河防疏畧二十卷崇祀錄一卷蘗香館遺稿二卷古逸編一卷四書證異二卷紀年攷四卷續纂閒鈔六卷游仙秘錄二卷樵臺新志一卷息耕堂文稿十卷秋水堂近稿六卷借草五卷紀年詩十五卷灌園十二師補和陶各一卷燕遊詩二卷春草四卷借荊駢語一卷借菴駢語四卷木箋四卷水箋補三卷入濟記行晉遊紀畧西山遊錄各一卷楚遊錄三卷南歸錄二卷明畫錄六卷墨苑赤越書小纂各一卷借菴偶筆秘枕合組各二十卷荷陰客話四卷續快談二卷其古越名藍名園名勝三記未成書有稿本又以餘才爲填詞有曲波園傳奇八種一曰萬年枝二曰花案緣三曰合巹杯四曰錦堂宴五曰雙締盟六曰屏開選七曰載花舲八曰香草吟論者以爲著書之富近代罕貳云

巖象草堂在天樂鄉離縣西八十里面對大巖山

芹徜蕭山明孝廉王開陽所居〔文學章陞巖象草堂記〕康熙戊午季
冬下浣五日予停驂於王子爾含巖象草堂之西
軒此地爲宋沈尚書宅而今則金堂先生所居也
爾含爲金堂先生冢孫而卧彪公之第三子爾含
恪遵先訓無失舊德雖處力貧之日屹然以義命
自持易曰幽人貞吉履道坦坦詩曰十畝之閒桑
者閑閑爾含覩之洵無愧於古人者矣昔先生之
營菟裘於此也誠以此堂處萬山之中峯巒疊翠
蜿蜒離奇而大巖山巍峩突出更爲諸山之冠宋
代時封爲晃旒山草堂則正對大巖故以此而名
其堂且先生直道處已非法不言非禮不行葢有
巖巖氣象故草堂而曰巖象者先生所以自天其
志也堂之下則若桑若梅若槐若櫻桃若薔薇堂
之前若桂若竹堂之後則樓居紛錯綿亘蕭山堂
之左右則田疇紛紜嘉蔬秀麥青青在望而樵者
於山漁者於水登覽凭眺覺四圍環繞蒼翠欲滴
阡陌如繡經界秩然何莫非山林畎畝有以森列

於其中也哉夫天樂係山陰所轄越藏山嶺而來則天造地設更成一奇觀焉㠯與蕭山諸暨兩邑比壤相隔不過十餘里縣臨浦而下舟至螺螄埠止六十里遂爲武林地吾聞之天樂之鄉清化山水爲越中名勝故求佳山水者往往不惜跋履之勞躋峻嶺而探奇攆輿者況乎草堂又爲天地清淑之氣由此而聚山川靈秀之形由此而萃者也苟得一、室之椽數畝之業則稻粱可以給饘粥園蔬可以佾饔飧桑麻雞豚辟纑治紝而且樵蘇足採網罟有利熙熙然衣食之無憂俯仰之足樂也暇則偕一二知己携杖而登山巔鳥語泉聲交雜於耳歷古剎訪幽貞歸家則列書史舉子孫而訓誨之或烹茶以待明月或飲酒而對清風意興遄飛玲琢詩篇不求甚工止自寫其胸臆而已以視夫役役於名利者欲冀一息之優游而不可得也爾舍之嗣有二長曰憲章季曰天章皆能承父志而自力以娛親者予與爾舍交始於甲辰孟春而今之記斯堂者則己未春正十六日因數先生之

建此堂也而爾舍必能光大而顯揚之余又得登此堂而深嘉象賢之有人并以誌吾二人相友之誠篤不以始終而有間也遂援筆而爲之記

書香閣在小隱山離縣西南三里尤溪今虞敬道別墅虞敬道書香閣記會稽山由平水進三十里有斗垣裘義門宅自晉迄元二十五世同居纍宋祥符間詔旌其里爲義門郡邑誌其事最詳自元末遭兵亂儒則裘義門釋則明覺寺道則廣輿所載第十一洞天陽明觀俱連址同時被燬其先代諱虒者遷居隔斗垣二里之槐里世業儒多長者傳至儀廷仕佐郎陽有善政生隆道究心理學與內弟魏大方同時蜚聲黌序彼此以名節相勵不屑隨時俯仰志復義門未果晚年與大方寓志詩賦著溪隱集生孔武少字左文長號豹隱幼穎異倜儻天性孝友折節讀書年十七喪母魏氏十八失怙世產又爲溪漲漂沒大方知裘子器不

凡置易舘第孔光甫七歲家食日艱不得已挾策
幕長安十餘載經濟練達見重當事大司農委其
纂訂全書重裨國計民生尤精風鑑喜結納賢豪
於未遇時日以重復義門爲志邀余子相同舉母
難留耕會省宴飲費周[illegible]友急多賴培埴至榮顯
以是報德者日益衆裒子日吾以義周親友親友
以義報吾若私予孫而不重復義門是負義併負
先人志也歲甲寅賊寇亂延城東越城被圍困余
父子奉　親王部堂督撫保舉招撫不惜破家備
糧械同當事入深山宣佈　皇仁得安輯數萬衆
保越城邀議敘實貴裒子衆力居多焉至戊午寇
平裒子躬斬斗坵剃棘首造宗祠置義產供祭贍
族次造居廬務樸固勿事奢靡然後召宗族里鄰
分地築室量力通融無不踴躍趨赊恐後自明季
三百年來鞠爲茂艸者不三載而重新義門八百
載舊址苟非裒子精誠足感天祖信義可感里族
志氣堅定經營得宜鮮不爲人言所惑撓者矣余
兄左通政與諱世𨍭者大書古義門里額銘曰義以

成孝義以成仁義以成禮信智勇義門一新爲五德五達道三達德俱備者洵非誣也義門成而銓部徵書至特恩授廣東莞邑令裘子即告祖始終以義自持誓不負君恩抵莞言捐俸輯聖宮興教化勸撫字寛催科嚴保甲愼獄訟凡莞前此困濱海時致風鶴警者不半載而民皆安堵盜皆化良總由裘子以義感故民亦義應也但莞之錢穀穀旣繁供應亦絡繹裘子刻苦飲冰備極勞瘁內外一切不假手於人因是積勤成瘵甫任一載即卒於官其弟驛吉在家先心動親賚　勅誥馳莞得扶病來訣以全友愛殆天使之然卒後交代缺民欠銀二千七百金裘子遺命鬻產代貧民賠補若扶柩之費適內兄魏子翀選粤惠州司馬抵任代爲措貲送柩歸里此又天之以義報清白吏也裘子廣交遊知余兒相莫逆重生後篤信因果尤稱性命莫逆交歷問南北患難依唇齒自知必逝余兒前豫邀余兒見分諸子產慮山居寫遠卜寓於麓湖之西耕堂又托覓鏡湖小隱山藥書香閣爲

子孫讀書地凡隱微勿語妻子者悉告余兒今裘
子柩歸閣停小隱山房長嗣士弘遵遺命井井是
裘子於身後事皆豫定生前又自稱夙生從道門
中來日課太上感應篇豈非靈根不昧願畢歸眞
特現義門邑宰身而説法者哉惟是裘子天性好
義名畏人知凡其在京助造越郡鄉祠會館送無
力客柩還鄉及歸里助贖温處暨陽被掠難婦兒
女重脩西湖精忠廟墓會稽南鎭殿樓倡脩五雲
曹娥官塘議造錢江救溺渡船增置育嬰乳房共
捐貲產千餘金陰托余兒合力舉行即妻子亦不
使知其他陰德如托僧圓行救活無辜陷獄多命
保全夫婦完聚不求人知者類如此又因尊人隆
道與余名同發願與余兒同復陽明洞天創敬隆
造院廣刻感應善書以報天祐重新義門恩情未
遂願是所望於暉吉與三嗣君士弘士義士重與
親友諸知已即余與兒亦不敢辭其責嗟乎裘子
不負天祖親友於在生爲親若友者疇忍負裘子
大義於身後哉故不揣荒陋特表其隱德大畧云

〔聽龍閣〕在縣治西南二里太常寺少卿金蘭所居閣對卧龍山故名下有春谷艸堂半舫問花居一多山頗極其勝〔文學徐繼緡聽龍閣詩〕開牕遥對卧龍山黛簇峯巒指顧閒拋笑浮生無底事此身擬似白雲閒〔其二〕春光蕩漾百花明爽氣迎人萬象清風月無邊誰是主閒雲野雀一身輕〔其三〕鶯聲睍睆似堪誇百卉欣看競吐葩千朶晨光疑白雪春來最愛望春花〔其四〕森森秀竹出墻東翠影迎人意畫空爲語飛來雙燕子堂前依舊復春風〔其五〕昨宵深院報花開携友頻斟琥珀杯不道寒光蕩白雪墻邊數點是紅梅〔其六〕煙霞作伴欲忘愁綠野堂中樂事稠半是村中半是郭一丘一壑恁風流〔其七〕桂香八月逞芳菲蝴蝶雙雙繞綺扉一陣秋風花未落紫薇長自傍清輝〔其八〕閭知積慶自無憂共說君家世德周祖烈咸欣垂燕翼孫謀誰不紹箕裘

鳳來堂在縣治西三里文學劉明宗建雲間周惟孝記

於越山川靈淑之氣甲于天下必有碩德偉望之子挺生其間不徒競秀爭流俾巖壑獨擅其美也予嘗北走趙魏南極荆襄西踰秦蜀東至齊魯轍跡幾遍寰宇其間通都大邑俱得而流覽之名公巨卿與當世道德之儒風雅之彥予皆親炙丰采以想慕其爲人道登先生所稱越州之君子也簪纓閥閱之盛冠諸海內代有豐功奇績炳蘊鼎彝而垂竹帛史不絶書先生幼補弟子員春華秋實擅譽膠庠秉性孝友慷慨好義嘯咏一室不與戶外事取古今之墳典而討論之有時攜杖逍遥徜徉山水偕二三知己賦詩飲酒以自悅其天負凡四方之士税駕于越者咸樂與先生遊而先生悉爲訂嚶鳴之好結縞紵之歡焉吾聞之有盛德者必享遐福先生年逾耆艾黄髪兒齒優游晏衎飲人以和穆如春風矧哲嗣文孫俱承先生之教陶淑於禮義詩書則繩武貽謀先生顧之其樂曷有極者哉

〔覧安堂〕去縣西五十里錦衣衛朱壽宜建階下秋海棠甚盛吐豔舒妍仙姿濯濯輕盈可愛堂之外木香一大本枝幹紛披每至花開香聞遠近春秋二時遊人攜酒賦詩傳爲盛事〔會稽訓導吳煇詠海棠詩〕檻外微風急名花力不支每於無意處偏若有情持病粉凝痕重曉粧嫌鏡遲恍疑仙路近魂夢畏人知〔其二〕斜插膽瓶內無如花氣濃深閨偏妬豔紅粉最憐儂態欲過人立秋將悴爾容時哀零落盡哀怨泣寒蛩〔吳煇〕字觀岳又字宣子號程人由明經任會稽學司訓覩明倫堂將傾圮日夕焦思亟爲脩葺煥然改觀月課諸生面加甄拔冲襟雅度藹如春風好吟咏所有越州北遊北山艸堂剡遊諸集行于世康熙癸亥引疾旋里隨卒士論惜之咸爲墮涕子廷堅廷璋廷玠俱庠彥文行醇茂恪承世業幼女有孝行知詩書適張又恭公元忭四世孫淮孫十一人濟濟多材而晨錫尤知名於時云

山陰縣誌　卷六

山陰縣志卷第七

物產志

穀　蔬　菓　木　竹　花　草　藥　水產

禽　獸　器　貨

山陰土田維下其壤沃百穀蕃蕪山珍海錯利周遐邇生民所需不可無紀作物產志

稽物產夥矣惟穀爲重越人素知力田而逐末者反得以傲之豈水旱之爲灾歟上不修救而俗之奢靡復耗其半諺曰巧者有餘拙者不足物產其

可恃而不可恃乎

穀

蠶稻六月蠶熟紫口甲嘴微紫粒細胡稽俗謂之老了烏麄稈細稈細珠蠶白黏晚白黏越人謂芒爲黏料水白歲遇甚潦輒能長出水上烏鄭來實類餘杭白而色稍青鵝腳黃穗低而葉卬健腳青熟時莖挺而色猶青早黃黏餘杭白粒圓白俗傳種自餘杭來故名稚蒙粒麄而黏最短以上俱秔類

雪裏青江西稻矮亥典框糯青稈糯水鮮糯八月早熟羊鬚糯臙脂糯紅糯其芒赤其實較他種稍重矮方中早熟而殼薄

黃稜糯早熟以上俱秋穎宜釀

大麥廣雅曰麰也立夏前熟　小麥廣雅曰麳也　蕎麥三稜色赤七月種九月熟

粳粟　糯粟　木粟稈尖穗徑寸苗如蘆高丈餘粒比粟殊大皮黑性黏　乳粟粒大如鷄豆色白味甘俗曰過粟　狗尾粟粒細如芥子　稌粟稷也越人以稷謂稌偶植之不以供餐

赤豆　綠豆　毛豆即白豆莢毛故俗呼毛豆　白扁豆粒黑者曰白眼豆莢長而尖者曰羊角豆八月熟　羅漢豆蠶月熟故又名蠶豆　虎爪豆粒斑而大九月熟

茳豆莢長尺餘最長而軟者俗名裙帶豆其莢短者曰短茳四五月熟莢可蒸食　刀豆莢厚形似刀　細蠶豆四月熟　青豆　黑豆　黃豆　白豆

蔬

白菜　青菜俗呼謂蘇菌即蕓薹也　油菜　芥菜　甜菜有冬夏二種　苦菜　萵苣　菠薐　薺菜　薹菜　瑛菜色白如瓊一曰水晶菜　蒿菜味辛不可多食　胡荽有種不多藝　芹菜一名水英舊志云產自烏山會

佳　莧菜有紅紫白三種紅者名馬齒莧

王瓜四五月熟　青瓜　西瓜　東瓜　金瓜　甜瓜　絲瓜　冬瓜　香瓜　鵝子瓜俱六七月熟　南瓜種自吳中來一名飯瓜言食之易飽也述異志曰越有五色瓜王龜齡風俗賦曰賀瓜蒲區　蜜筩瓜梁庾信詩美酒含蘭氣甘瓜開蜜筩　茄又名落蘇　瓠四月熟至六月不食　芋俗呼芋芳宜水者曰水芋宜陸者曰旱芋又名蹲鴟　筍

猫筍花筍箭筍三品絕佳冬月取猫筍萌土中者曰蕇筍尤爲土產之最　**蕨**　爾雅曰蕨虌初生無葉可食生山谷間其根爲粉可當麵食　**薑**　**山藥**　有紅白二種又有佛手山藥狀如薑　**葫蘆**　蒲屬味苦　**薯蕷**　色紅山中出　**胡蒜**　味辛苗亦可食　**蓴**　葉如荇菜而紫莖大幾如箸葉底明如水晶柔滑可羮陸機曰千里蓴羮是也湖中偶有不及蕭山　**茭白**　嘉泰志云今謂之茭首白如藕而鮮味美異常本草名菰首　**荇**　水菜　**辣茄**　紅色狀如菱可以代椒　**芰**

韭　**薤**　**蒜**　**紅蘿蔔**

菓

楊梅　會稽志曰楊梅品之最佳者曰官長梅色紫實大核小出項里越人多漬以糖或鹽以案酒　**梅**　郡志曰呂安梅最盛實大而美項里客山又多出古梅王十朋風俗賦云鶯梅並蔕蓋越

中又有千葉鴛鴦梅

李 郡志曰越有黃蠟李麥熟李迎瓜李皺李白淡李紫茄李胭脂李夫人李

枇杷

桃 六月熟者曰夏桃七月熟者曰秋桃郡志曰桃之品不一湖南之大緋紅桃最佳又云鏡湖之西彌望連岡接嶺映山照水如雲霞恍然異境

梨 郡志云越人呼爲梨頭如木柵之馮家黎映日紅破塘之清消梨蓋最佳云

棗 越人呼鮮棗謂白蒲棗牛頭山江塘所產者最佳

香團 似柚而小者名香團

橘 杜荀鶴送人游越詩云有園皆種橘無渚不生蓮小者名金橘又名金豆

菱 一名芰屈到嗜芰即此是也越人謂小者爲刺菱巨者爲大菱四角者爲沙角菱產莫盛於山陰每歲八月菱舟環集鑑湖中王翰詩曰不知湖上菱歌女幾箇春舟在若耶王十朋風俗賦曰有菱歌兮聲峭又四角爲芰二角爲菱

蓮子

芡 俗謂之雞頭舊史云山陰梅墅雞頭最盛

藕 六七月間最佳俗謂之花下藕

杏 嘉泰志越人謂鴨脚子曰杏而謂杏曰杏梅五月熟

者名金杏銀杏一名白菓柑有二種小者曰金柑橙味酸祇可漬糖浸之又有甜者曰甜橙宋梅聖俞詩越虀橙熟久楚飯稻春初柚列子吳越有木曰櫾皮青實丹而味酸形類香圓而大但不香耳爾雅音義同櫾亦作柚葡萄一曰蒲陶有紫水瑪瑙二種寶慶續志云越中間有碧蒲陶王十朋詩珠帳纍纍掛龍鬚慢慢抽從渠能美釀不要博涼州栗本草曰生山陰陶隱居曰稽最豐石榴越人呼為金罌蓋避錢鏐諱云落花生本閩粵之種今始有之柰漢武內傳會稽有菓名棎亦柰屬也其佳品曰馬面棎林檎與柰相似但差小王右軍帖中所謂來禽是也櫻桃有大小二種宋李易詩豆角嘗新小麥秀來禽長向櫻桃肥榧子有麄細二種梧桐子櫧子山查土人謂之山裹菓有青紅二種木瓜陶隱居曰山陰蘭亭尤多形似梨而貯盤中一室皆香不可食藥材中又一種最療轉筋患相傳呼

其名或作木瓜書患處皆愈 **莩薺** 一名地栗 **菩楮** 十月熟味苦同豆食則甘 **茨菰** 王十朋會稽三賦云土實則有鳧茈茨菰

木

松 嘉泰志卧龍及蕺山頂有古松禹陵松最老年久有不可致者 **栢** 有渾側二種有若手掌者名手掌栢 **檜** 栢葉松身平泉草木記木之美者會稽之檜 **桐** 謝車騎所居桐梓森聳其類有四一曰青桐枝葉俱青無子一曰梧桐皮白葉青有子一曰白桐有花與子其花三月開黃紫色一曰岡桐似白桐而無子相傳云白桐岡桐宜作琴瑟 **梓** 十道志越中多生豫章樹每風雨聞鐘鼓聲則生豫章即梓也春秋時吳王好宮室越王使工人入山伐木天與大木一雙可二十圍陽爲梓陰爲楩楠 **桑柘** 葉可餵蠶其木文理縝容黃色可愛堪爲器具 **櫟** 水經注謝靈運與惠連聯

句刻孤潭櫟側檟性堅密可爲車宋南渡初製五輅俱以檟爲軸楝有花詩人常道之宋栁聖
俞詩紫絲暈粉綴鮮花綠羅布葉攢飛霞楮說文穀也陸璣草木疏江南以楮搗紙柞漢五
柞宮卽此木其葉可以喂蠶離城西北三十里有柞林村橦酉陽雜俎江南以橦爲船宋張嵲詩
白水汪汪蒲稻畦樺花零落徧前溪檫音察宜作檻櫧土人用作器榧平泉草木記木
之奇者稽山之榧作几至滑淨王右軍最愛之皂莢一日昇仙木劉樊於此昇仙宋孫應時詩
劉樊蟬蛻此登仙老木當時直插天玉骨半枯猶秀潤蒼苔新長更榮鮮相思木平泉草木
記得稽山之相思木述異記戰國時魏有民戍秦其妻思之而卒其塚上生木枝葉皆向夫所故稱
相思木有文可作器椶櫚十道志會稽椶山黃楊本無大者榆柳楊槐烏
桕採實以爲油冬青其實卽女貞子楓槿有花可以編籬杉朴俗日沙朴椐

俗曰黃椐作器最佳**桂**　**椿油樹**堅實可作器**杞梩**俗名西河柳**樗**皮可爲藥

娑婆樹種出外國今在大善能仁寺者爲最高可五丈冬落葉其實療胃疼**廣東肥**

皂高大長青植府城隍廟

竹

箭竹幹直可以爲矢所謂會稽竹箭是也**猫竹**幹大而厚異衆竹越人取以爲筏筍味甚佳冬月未出土時俗呼爲蕈筍味尤雋爽**石竹**　**苦竹**筍味苦有黃苦青苦白苦紫苦四種幹細而直可以爲筆圖經曰越出筆管是也**淡竹**可煮以爲紙**筋竹**性韌可作筏亦堪織簟（西京雜誌曰會稽貢竹簟號流黃簟）**莢竹**可煮以爲紙幹細而直**篛竹**即筀竹筍味甘有早晚二種**水竹**　**慈竹**小而容七八多植之以當籬冬月筍生竹外繞其母

故又名孝竹一名王褌竹又名桃枝竹
斑竹 述異志云越中有舜家斑竹用以作牀椅及雜器甚清雅
紫竹
龍鬚竹 長而秀節疎
鳳尾竹 葉尖而小亦角慈竹別種用
竹 節高而疎笋味淡有斑色
公孫竹
方竹
觀音竹
天竹
篆刀竹 出越王嶂上節橫錯相間歐塊祖師遺蹟也
燕竹

花

梅 嘉泰志云項里容山直步等地梅尤奇古可愛老幹奇怪綠蘚封枝疎花點綴其上天矯如畫蓋非凡物也宋俞亨宗詩疎疎瘦蘂含清馥矯矯虬枝綴碧苔疑是髯龍雜雪駁蒼鱗遙駕玉妃來
陸游觀梅詩凌厲冰霜節愈堅人間乃有此癯仙坐收國士無雙價獨出東皇太乙前此去幽尋應盡日向來別恨動經年花中竟是誰流輩欲許芳蘭恐未然
蠟梅 越中自宋時始有曰狗蠅

日荷花日磬口最佳謂之辰州本宋徐師川詩江南舊時無蠟梅只是梅花臘月開陸游詩與梅同譜又同時我爲評香似更奇痛飲便揉千日醉清狂頓減十年衰色疑初割蜂脾蜜影欲評歎鶴膝枝摧向寶壺猶未稱合將金屋貯幽姿

鴛鴦梅

雙頭千葉牡丹　吳越時最盛錢傳瓘爲會稽嘗栽植牡丹甚盛若萊畦成叢列樹者顏色葩芳率皆絕異人號爲花精今之盛者止十餘本惟寶舍錢家牡丹高二丈餘莖如椀花嘗數百朶實不多得歐陽公花品曰牡丹南出越州宋僧仲林序越之所好尚惟牡丹其絕麗者三十二種來賞者不問親疏謂之看花局澤國此月多輕雲微雨謂之養花天俚詞曰彈琴種花陪酒陪茶僧仲殊詩玉稜金線曉粧寒妙入天工不可千老夫只知空境界淺紅深綠夢中看

線串牡丹　纂枝牡丹　皆草本

杜鵑花　以三月杜鵑鳴時開一名映山紅躑躅郡齋有杜鵑樓天衣寺雲門寺皆有之宋太祖太宗眞宗遏

畬之時花枯瘐三載乃復（宋僧詩）蠶老麥黃三月天青山處處有啼鵑斷崖幾樹深如血照水晴光煖欲然三歎鶴林成夢寐前生閬苑覓神仙小山桂頗愁無奈又怕聲聲聒夜眠（僧仲皎詩）繁英歷歷爍晴空過了花開幾信風明月畫闌供徙倚却須有句到芳叢

山茶花 有緋白二種十二月開（嘉泰志）昌安朱通直莊有一樹高三四丈（草木記云）稽山之貞同其花鮮紅可愛而且耐久

寶珠茶 **滇茶** **白茶** 此三種最佳

石榴花 一名海榴（嘉泰志）李義山詩山榴海柏枝相交恐海榴又一種也 平泉唐宋之問有玩郡齋海榴詩載舊郡志

海棠 草木記木之奇者會稽之海棠曰鐵幹海棠曰西府海棠曰垂絲海棠曰菱零海棠其草本又有秋海棠

木樨 白曰銀桂紅曰丹桂黃曰金桂（唐李裕贈陳侍郎紅桂詩云）欲求塵外物此樹是瑤林後素合餘緗如丹見本心妍姿無點綴芳意託幽深顧以解葩色淩霜照碧潯公自註此樹白花吐紅

心

四季桂 唐白居易詩有木名丹桂四時常馥馥棗據詩芳林挺芳幹一歲三四花

木芙蓉 平泉草木記會稽之百葉木芙蓉

碧桃 李光曰五里桃花色白而多葉跗萼皆碧唐張說詩曰他日問天三十六碧桃花發共師遊

緋桃 嘉泰志一色千葉花皆不實一名絳桃

李花 嘉泰志云鏡湖之西如花徑容山諸處連岡接嶺皆桃李纍無雜木

杏花 宋盧天驥詩山杏枝頭鵓鳩兒來傳春意語多時王銓詩玉人半醉點豐肌何待武陵花下迷記得鞦韆歸後約黃昏新月粉墻低又詩醉裡餘香夢裡雲又隨風雨去紛紛人間春色知多少莫掃殘花斷盡蘢

荼蘼 有紅白黃三種黃者可愛王十朋荼蘼詩日烘香倍遠雨浥韻尤清

薔薇 有紅白黃三種平泉草木記稽山之重臺薔薇會稽之百葉薔薇

梔子花 陶貞白言梔子翦花六出刻房七道芬香特甚即西域薝蔔也越中生谷者曰山梔生水涯者曰水梔六月尤盛

石

楠花　二月開冬時葉尤可愛俗云犬見之則攫敎多植於墓傍祖詠詩不知疊嶂夜來雨清曉石楠花亂流

瑞香花　有以瑞爲睡

木蘭　吳越鎮東監軍使院記大厦前木蘭特異越中稱爲一絕

凌霄花　其蔓依木直上山陰最多有一歲三著花者唐元稹詩寒竹秋雨重凌霄晚花落

木筆花　花蕋似筆一名辛夷

紫薇　紫荊　一名百日紅

木槿

山丹　色紅葉如百合

芍藥　有紅白二種山陰所植其花有過尺圍者宋李易詩斑竹筍行三畝地紅藥花開一尺圍

蘭花　越絕書勾踐種蘭于蘭渚山王右軍蘭亭是也種甚多以素蘭爲重

蕙　一名九節蘭香亞于蘭

菊　古作鞠字嘉泰志昌安門內朱通直莊有佳菊數十種備極花譜矣

水仙　宋元祐間始盛一種曰金盞銀臺

蜀葵　小者曰錦葵秋生者曰秋葵

鳳僊花　有五色其白者收其子爲藥可治目最痛者搗汁塗之立愈

鷄冠　有五色有

一本而五色備者萱花一名鹿葱花毛詩作諼草與萱同洛陽花弄色異彩無窮

芭蕉　石竹　玉簪　剪春羅　午時花午時開子時落長春花一名月月紅罌粟花一名米囊有千葉单葉金絲花　荷花一名芙蕖說文其花芙蓉其秀菡萏鑑湖及若耶最盛嘉泰志曰山陰荷花最盛紅白青三種外有並頭蓮朱太守祠前後十餘里皆荷花李太白詩鏡湖三百里菡萏發荷花又荷花鏡裏香又採蓮曲若耶溪畔採蓮女笑隔荷花向人語日照新粧水底明風飄香袂空中舉岸上誰家遊冶郎三三五五映垂楊紫騮嘶入落花去對此躊躕空斷腸木香花有紅白二種粉團花色白以數十朶結一團故名僧鞋菊色如茄花形如鞋波斯菊有黃白二種蔓最長春夏秋俱開

珍珠蘭明末始有玉蘭　茉莉　撒秧花俱紅色插蒔時盛十姊妹

花淺深相間蝴蝶花

草

席草越人取以爲席莎草釋草云臺夫須可以爲笠又可以爲蓑蔓生江邉荇蘋藻菖蒲葉有脊如劒謂之鴈蕩蒲俗名虎鬚菖蒲生石上節殊密蘆荻苕蕺戒珠山所產最多蔓生莖紫赤色吳越春秋云越王嗜蕺嘗採以食之今邑歲凶民斵其根食之諺云豐年嫌我臭荒年賴我救三白草出鏡湖澤畔初生不白入夏葉端方白農人候之以蒔田三葉白苗畢秀矣藍苔[illegible]即白芷芸即七里香葉類豌豆其花極芬香經秋葉間微白如粉汗辟蠹殊驗恒春草鄉人名爲千年潤唐梁鍾進詩金膏徒騁壽石髓莫矜良倘使露涓滴還留不死方鼓椎草旱蓮草馬鞭草馬鬉草魚腥草

鴨跖草　萍一名蓱無根而浮常與水平越人謂之藻言飄流無定也世說楊花入水化爲浮萍又一種紫而長曰蜈蚣藻　石菖蒲陶貞白言眞菖蒲古人謂之蘭蓀又有生於水者曰溪蓀如蒲而無脊　蓼生水澤間吳越春秋越王志復吳仇臥則攻之以蓼　大蓼一名馬蓼莖大而赤生水中高丈餘　烟一名相思草吸之能醉向惟閩中石馬有之今山陰亦盛

藥

餘糧卽禹餘糧土人呼爲芰艮產山谷間服之令人不饑療瘋疾毒瘡其功甚速山民遇歉歲取而食之　半夏　香附本草又謂之莎草　芎藭　蒼朮　紅花　茴香　五味子　瓜蔞　紫蘇　山查　南星　百合　薄荷　梔子　車前子　蔓荊子　金櫻子　白朮本草曰生杭越諸州　唐梨　薏米　青蒿

陳丁香茯苓何首烏千里光金銀花天花粉山藥

枸杞子劉寄奴生山間本草日華于注云治心腹痛止霍亂鄉人煮飲之多効驗

馬兜零本草日華于注云越州七八月採益母草燈草穿山甲蛸

枳實陳皮黃連栢子仁甘菊桑黃蟬蛻鹿角虎骨

兎絲女貞子龜板鱉甲薏苡仁豨薟青箱子即白鷄冠花

側栢葉艾茅根槐角蒲公英紫花地丁金線重樓生薑花椒白芥子夏枯草

水產

鯉郡志云越人謂鯉之小者爲鯉花鱸之小者謂鱸奴鯽之小者爲鯽核鯽鱸八月鱸始

肥張翰八月思鮎鱓鱨土人謂之黃鱨鰄銀魚鰦
江東鱸是也　亦謂之白條魚
鰻大者爲箭鰻八月鱔土人夏至以後始鰱土人
最肥俗呼爲風鰻　食入秋則不食　呼白
鱗者爲白鰱赤鰍蟹小者爲蟛蜞大者爲黃甲產
鱗者爲紅鰱　三江海涯又有蟚蠏產上可
其味尤冠絕酉陽雜俎曰八月蠏腹有稻鰕蟶產
芒長寸許向東輸與海神未輸芒不可食　三
江海鰻線鰻之初生者數寸瑩白如線產三
涯　江惟清明後十日有之味美鮮　雞冠
蚌屬重者可二十餘斤鱧龜
中常有珠出狹獴湖

禽

鷓鴣郡志云鷓鴣自呼其名常向日而飛飛數隨
月山間頗多李白越王臺詩只今惟有鷓鴣
飛　戴勝越人云降桑遇金日主穀賤月令鴉有別
所謂戴勝降于桑蓋三月始出也　雪上

人呼爲寒鴉歲十月自西北來其陣蔽天及春中乃去（秦太虛樂府云寒鴉千萬點流水繞孤村不至越者不知也）

鶬　鴰　鸛　鷄　鵝　王羲子居蕺性愛鵝有老母養一鵝善鳴求市未得遂攜親故以就觀焉

鴨　（禮記疏）曰野鴨曰家鴨曰鳧曰鶩（唐陸龜蒙有鬬鴨一欄龜蒙曰此鴨能作人語（王十朋風俗賦曰）能言之鶩

鵲　（淮南子）鵲巢向太乙（鄭箋）鵲巢冬至架之至春乃成越人呼爲喜鵲至秋而髡相傳駕牛女而伐其羽云

鶻鳩　（釋鳥）鶻鳩鶻鵃一名鳴鳩一名鷽鳩短尾青黑色似山鵲而小

斑鳩　項有繡紋性拙不能爲巢歐陽公所謂常在人家屋瓦者是也

鵓鳩　灰色無頂繡陰則屏逐其匹晴則呼之語曰天將雨鳩逐婦

爽鳩　鷹也至二月則化爲布穀

杜鵑　一名子規越人謂之謝豹

烏　孝烏也越王入國有丹烏夾王而飛起望烏臺以紀其瑞又張覇爲會稽太守一郡皆化語曰城上烏鳴哺父母府中諸吏皆孝友

鶯　即倉庚一名黃鸝（詩

又謂之黃鳥　鵯鵊　雅鶪也一曰鳥鶪（宋）胡鶴詩二月辛夷猶未落五更鳥鶪最先啼　燕

鵓鴣　土人呼爲雪姑鳴則必雪　斲木　口如錐啄木食虫　黃雀　白露來霜降去　畫

眉　善鳴　鷳　白羽紅冠（唐）項詩更望會稽何處是沙連竹箭白鷳羣　雉　鶉鵪　桑扈

百舌　鸜鵒　一名八哥　練雀　竹雞　黃頭　白頭公　鶚　鵜鶘　一名

淘河一名洿澤越中不常有有則大水　鷺鷥　頂上有絲　鸕鷀　漁鳥　鷗　鸂鶒　鴛

鴦　鷸　鳧　即野鴨

獸

牛　一曰黃牛二曰水牛（嘉泰志）中州烰潼取酪酥以雍酥爲冠而越中尤佳凝厚者曰乳餅　猪

食五穀之秕不野放故特肥美　豪猪　野猪　重二三百斤　鹿　臥龍山舊有三五十頭[illegible]

補明末無有存者今諸山皆有過雪則多【鹿】孔睟記越中有三足白鹿【羊】順治初有三足羊人不敢食前二足全後右邊一足拳于江橋張神祠【虎】【犬】【竹狗】【貓】【鼠】【栗鼠】【松鼠】【鼷鼠】一名甘鼠唐陸淳曰會稽有小鼠能噬牛纔傷皮膚無有不死者左傳曰鼷鼠食郊牛信然【猿】山家謂之鞠猴【兎】【狐】【牛尾狸】【馬】【驢】【騾】【獺】記曰獺祭魚乎時好食魚春初取鯉於水裔四方陳設之進而弗食故謂之祭魚山陰澤居者時多見之【黃鼠狼】【犲狗】【柿狸】【九節狸】【玉面狸】味最甘美明初以此作貢

虫

【蠶】陽物也惡水【蠶書】飼蠶勿用雨露溼葉【淮南子】曰蠶食而不飲【周禮】禁原蠶蓋言再蠶桑敗而馬耗也【蟬】淮南子曰蟬飲而不食【蜂】一名蠟蜂釀蜜知衛其主一名黃蜂有雄而無雌

蛺蝶粉翅有鬚一名蝴蝶木葉所化有黃紫斑點之異

螢月令腐艸化爲螢一名熠燿一名挾火越人謂入室則有客一說熠燿行虫非螢也

尺蠖　蝸牛　蚱蜢　莎雞　蛗螽

蛄螻　蚣蝑　蝘蜓　蜻蜓　蛭　蟋蟀　蟯蜋

器

弓習是業者四五家

箭爾雅東南之美則有會稽之竹箭蓋越中有竹名爲竹箭宜爲矢自漢以來併謂矢爲箭雖用楛用楛亦呼爲箭

簟西京雜記會稽貢黃簟今無

竹夫人一名青奴宋李公甫嶄春縣君祝氏封魏國夫人制常居大夏之間多爲凉德之助剖心折肝陳數條之風色自頂至踵無一節之瑕疵黃庭堅詩穠李四絃風拂席昭華三弄月侵牀我無紅袖堪娛夜止要青奴一味凉

竹扇　蒲扇　草席　茗帚　茶盌陸羽茶經以越州[illegible]

今無

秘色器 相傳錢氏有國日越州燒進爲供奉之物臣庶不得用之故名今無

紗扇

掌扇

紈扇

火熜

貨

鹽 三江錢清二塲鹽利甚溥商販畢集國稅所需按煎鹽之法海潮每至沃沙曬之見沙白用鐵刀刮鹻聚而苦之乃淋鹻取滷然後試以蓮子每用竹筒一枚長寸許取老硬石蓮三枚納筒中探滷三蓮橫浮則極鹹謂之足蓮滷亦謂之頭滷二蓮橫浮次之若三蓮俱浮其滷薄不可用凡煮煎編竹爲盤中爲百耳以篾懸之塗以石灰纔足受滷然烈焰中滷不漏而盤不焦灼一盤可煮二十遍近亦稍用鐵盤

茶 臥龍山產茶最佳名瑞龍茶會稽志曰會稽產茶極多佳品惟臥龍一品得名亦盛與日鑄相亞杜牧之詩曰山實東吳地茶稱瑞草魁

老酒 臘月蒸造

豆酒 一名

花露甲於天下**燒酒**最乾而嚴徽州人買之以廣布四方**酒糟**諸物迎其味即百美普天無二**醋**香酢過於他處**筍乾**品類最多稱天下第一**羅**嘉泰志越羅最有名地輿志越貢寶花羅**綾**有花素二種潤而輕**耀花綾**舊傳隋煬帝幸汴越人進耀花綾有文突起特有光彩伊時有蠶婦乘樵風於石帆山下收野蠶繰之蠶婦夢神告曰禹穴三千年一開汝所得野蛾繭即江淹書槖中壁魚所化繱絲爲裳必有光彩織之果如所言人間不敢服遂進上之今無**縐紗**薄而不重花様甚巧**縠**嘉泰志勾踐始得西施鄭旦飾以羅縠是也今縠之名不存大率以綺羅代之云**絹**出板橋者多可爲衣裏**紗**薄而不厚南方喜着用以銷暑北方不用一曰氷紗**苧葛麻**堪績以爲索者俗呼黄麻又呼苧爲苧麻堪食者俗呼草麻可以作油**絲紬綿紬竹紙**會稽志曰會稽竹紙今天樂鄉出紙已盛民家或頼以致饒宋米芾

章薛道祖會文淸皆有越州竹紙詩載郡志中

梅市布 幅隘而光潤

梭幅 經用絲而緯以木棉

小春布 經用苧而緯以棉紗

綿紙 韓昌黎毛穎傳稱紙曰會稽楮先生是也

黃紙 作楮錢以享鬼神祖考

草紙 以草為之用以賫厕出南池者佳

菜油 芝

蔴油 **桐油** **柏油** 有淸白二種

燭 亦以柏為之堅而耐燒

箍 篠葉

靛青

[illegible] **黃蠟**

物產志

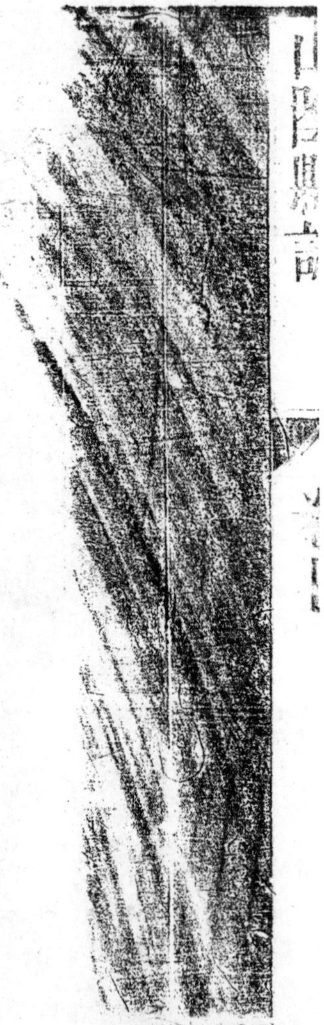

山陰縣志卷第八

風俗志

歲時俗變

越之俗葢有禹之遺風焉其民循循[晉書]勤于身儉于家奉祭祀力溝洫[宋志]聖人之澤足徵也海嶽精液善生俊異是以忠臣接踵孝子連閭[虞翻對]下逮凡民亦柔而惠[宋書]好學篤志隆師擇友絃誦之聲比屋相聞且其地有湖陂灌溉之利絲布魚鹽之饒[宋志]以舟楫爲輿馬[越絕書]火耕水耨食物常足[漢書]

商賈工作皆著本業（宋志）其男女屏浮靡不事嚴內外以禮貞烈之行史不絕書斯古之山陰其有足稱者哉昔勾踐苦節讐吳而俗多慷慨漢初始尚寬大晉以風流相命而標度冠江左政由俗革風以世移唐宋之際文物隆而浮麗者浸以漓矣自元至明亦復衰中有盛盛中有衰嘗聞先生長者言前輩遺事大都崇孝弟尚廉恥習儉素鄉人之長老多厚重謹飭恥言人過失讀書敦本不以虛文相炫飾子弟稍縱恣輒以規矩繩之其仕進率

砥礪名節能建立于時分宜嚴嵩嘗曰惟紹與人饒我不過隆萬間講道學接陽明之派者代不乏人而山林遺逸者清修高蹈亦能以詩文名其家行業爲後生典型雖鄙暴者亦知所尊禮農工商賈勤力敦篤不敢犯非其分婦人愼內閑而修女事似于昔之所稱述蓋庶幾焉若夫末俗不古則有婚姻論財遺嫁輙破家生女或溺而不舉職是故耳父母歿少哀戚大半用鼓樂且至高會召客信堪輿家言有數十年不葬其親者惡少年鮮衣

美食無所事事以呼盧歌唱爲業鄉里中多盜婦
女競華飾以相夸耀小民競訟或累歲鬭不休黠
佃負主者之租又駕禍以脅之生儒遇考試每多
請托又或後生輕其前輩家無貧富尚優俳重浮
屠至破產亦爲之又多浪走四方久缺父母之養
其他如此類者尚多嗟夫江河之日下也其孰挽
之我

國朝定鼎以來歷今有年四民樂業山陰雖一邑乎
其涵濡于善政者當爲全越之先聲矣然則飭躬

範俗振起古道有不賴長民社者表率而維新之

哉

歲時

正旦男女夙興家主設酒菓禮奠名曰接神炮竹不絶聲黎明啓戸焚香拜天畢設先人遺像率長幼拜之然後男女序拜其尊長男子盛服詣親屬門行禮名曰賀歲各以酒食相欵接

立春先一日郡邑官寮迎春東郊閭里無貴賤少長集通衢遊觀率燕饗娛樂而罷至期用巫祝禱

祭謂之作春福

正月十四日用巫人以牲醴祀白虎之神祭畢以紅綠線釘虎於門上謂之遣白虎

元宵前二日官府弛禁縱民偕樂朱門畫屋盡出器幣以矜豪華其寺觀庵宇亦垂綵帶懸諸花燈街市結竹棚張綵懸華燈作烟樓月殿鰲山銀海之狀窮奇競巧珍玩咸備簫鼓歌謳誼闐徹旦男女遊觀于道囂雜中罔知避讓竟五夕乃已凡村落人烟湊集處於神廟中列珍饌碩牲奇花異菓

名會佳獸常時不經見者悉備之曰排筵燈有三
齊之琉璃珠滇之料絲卅陽之上耀絲金陵之夾
紗羊角杭州之羊皮燕之雲母毯屏維揚之蛇皮
錦江北之礬雪交錯相懸間以爆竹流星及走線
故事數架曰放烟火
社日鄉有社祭必演戲以祀土穀神婦女環聚以
觀在在皆然曰社戲
二月二日嘉泰志云始開西園縱郡人遊觀謂之
開龍口蓋指卧龍山言也府帥領客觀競渡自史

魏公浩爲帥率以爲例兒童歌青梅聲調婉轉大抵如巴峽竹枝之類今已不行姑存其畧

清明節家插柳於簷端偕少長行賞郊外曰踏青厥後攜男女具時饈省墓多具聲樂且移舟集名勝地爲終日遊每遇霽景澄湖曲川畫船相尾羅綺繁華與桃李相掩映

三月初六日張神誕辰張神係蕭山人捍海滅倭功封爲帝三江陡亹集水車梟馬以侑神觴甚至非水神而過誕日亦有以競渡恣遊嬉者

三月二十八日俗傳東嶽帝誕辰男女燒香出門
且行且拜直至廟中巨室婦女或僱人代拜或扶
掖親拜市井惡少羣窺觀諧笑爲樂亦不之怪因
相與至廟中席地而坐由暮達旦日宿山近頗嚴
禁其風稍息云
端陽日以角黍相餽遺家設蒲觴磨雄黃飲之仍
懸艾虎及綵符女子或以繭作虎小兒則以綵繩
繫臂其日多禁忌採藥合藥者率以是日
五月十六日嘉泰志云觀落花亦乘畫舫多集於梅

山本覺寺同時又有遊客山頂望六峯看梅此風
不行久矣姑存之
夏至祀先祖以麵鄉人競渡于通津袨小兒衣歌
農歌率數十人共一舟以先後相馳逐觀者往來
如堵
七月七夕相宴集女子陳瓜菓乞巧
七月十五日古謂中元節俗謂之鬼節僧舍營齋
供閭里作盂蘭會祀先祖用素饌浮屠燃燈人家
或燃燈于樹或放之水中喧以鐃鼓小兒則壘瓦

塔爲燈至夜分乃止明王思任河燈詩誰蘸青黎火分來萬點紅舒光能亂月扱浪不驚風歌管千溪上星河一帶中莫言淸與淺此地憶重逢是夜多延僧建臺設醮以祭殤鬼曰施食子孫薦其先祖者設靈位於臺下以香燭疏果饗之曰助薦

中秋夜置酒玩月製月餅饋送

八月十八日有觀潮會自三江至柁塢山延袤六十里各有觀者每自午初至未末止潮經曰初三十八午後水發潮後俄頃勢愈力名激浪舸在海

邊者棹至中流迎之潮至水從舟上過無覆溺患名曰接潮觀者奇之

重陽登高佩萸泛菊蒸米為五色糕剪綵旗供小兒嬉戲

冬至祀先以餛飩亦或宴飲不拜賀

十二月二十四日是夕祀竈俗傳臘月廿五竈神上天而先祭之也品用糖糕先數日丐人飾鬼容執器杖鳴鑼鼓沿門叫跳謂之跳竈亦古逐疫之意云自是人家各拂塵其諸過歲品物不論貧富

各經營預辦街坊鼓吹之聲從此鏗鎗相和僧道
則作交年保安疏以送櫝越名曰作年福而醫者
亦餽蒼术辟瘟册于素所往來之家親戚互爲餽
酒食相望于通路粉粳糯米而蒸之名年糕又蒸
粳米半熟名飯粰雜烏豆于內新正數日內炊食
之
除夕自過午即灑掃堂室懸紙錢于闌旁換桃符
門神懸祖先像并鍾馗圖向暮置雜薪爇于庭曰
燒桑盆光焰燭天點紙砲以代爆竹遠近腷膊之

聲相聞不絕送神已乃闔門集少長歡飲曰分歲酒有終夜圍爐齊坐者名曰守歲

冠禮不行久矣前多未考明時男子十六以前垂髮總角及長而冠多于冬至或元旦加網於首以束髮而覆以紗巾及至

國朝之制夏以凉帽冬以煖帽各省同例

婚姻多擇門第用媒妁通姓名於女家曰拜門女家既允先治席欵媒曰肯酒後過聘尚華麗而尤以財禮相責望娶之日不親迎用樂婦扶掖拜堂

以羽士讚祝雜用蹈藁牽紅傳慶交杯毋論親疎之人皆得進觀以棗栗錚果物從上撒下使觀者爭攫之曰撒帳果卽日拜公姑以次及其家長

喪禮大槩遵文公家禮惟不行小殮不用覔帛吊奠者具祭儀楮錢紙燭主家必以絹帛答之營葬多以磚石爲槨又製石桌圍堂蔭以松栢信堪輿家言至買地有不惜千百金者

祭以四時或用四仲分至日或元旦端陽重陽獻春往祖塋設祭名曰拜墳清明拜墓亦名掃松

俗變

嫁娶尚華靡以財物相尚或苦之故生女之家有淹溺而不舉者居喪具酒殽待賓客多用浮屠葬則惑堪輿之術或數年殯淺土暴其親以希富貴祭用褻禮親友常燕輒羅珍饈列聲樂以豐侈爲欵厚先輩儉素厚重之風漸委棄而不返矣縉紳之士欲挽流俗有動以古禮爲準者俗之人乃迂而嗤之蓋耳目溺于濡染相習而莫知其非誠有可慨者韓子曰越俗不好古詎不信哉

三夏旱甚時有迎龍之賽飾優伶少年扮爲諸神佛相珠翠燦然綺繡陸離彩旗錦帶飄颺風日中龍則以錦爲鱗以珠爲額以金銀錫爲爪甲後靡過矣好事者謂龍至其地則雨競賂會首爭使先至執事數百人皆以酒食餉之率以爲榮噫古之禱者斷屠暴尪猶不以爲誠也至陳土龍則末矣乃工資爲翫遊咋咋稱華麗心斯厭足于禱祈何有哉

龍舟固楚風也所在都有存其名耳惟山陰邑民

造數百艘以五色斑斕相矜尚操楫者服飾炫爛不肯一試即已故每逢神壽先期要結以奪標搶鴨賽勝聚觀者奚啻數萬至舟覆而淹沒以死者歲歲有之曾不改其習何哉

季春迎嶽神歷代以來間或舉之然不可考矣邇者扮臺閣故事備極巧異諸不具論即云水滸一劇俱銀盔金鐙灑錦飛龍所乘之馬以珀珠為韁以金鐲為鐙以珍珠抹額他物稱是然風俗日益澆矣蒞茲土者多方禁止風必息

又有丐戶雜處民間以萬計不知其所始丐自言宋將焦光瓚部落以叛宋投金故擯之曰墮民例不得與民間相婚姻見人不拱手不同坐其所居之產民無有齒之者男之業捕蛙賣餳學鼓吹歌唱汚賤無賴女之業拗髮髻梳髮爲髢民間花燭丐婦扶拜羣走市巷貿易說媒尤貪黠而邪佞其類好誣訐良民結黨傾貲官茲土者或不知相沿之俗而爲丐所惑民恥之官亦無令名故曰丐者俗之癰也

近俗之美者每有善士修築道路橋梁或捨棺掩骴有僧恒鑒募置義塚在山陰者有五六十處貧家產兒女力不能育者代爲收養僱乳媼給衣食不致置之名育嬰會首事都司王自功善士柴世盛虞敬道文學何紹美何其廣朱溥劉世洙范嗣任金宗彝姜承炌爲嗣者聽其領去饑荒之年各坊都互相勸募散米煮粥貧民賴之以活者無算好義輕財焚券至百金以上者脩學宮書院輸資至千百金以上者代不乏人其他善事殆不勝更僕云